Was isSt Religion?

Noam Hertig,
Israelitische Cultusgemeinde Zürich (Hrsg.)

Was isSt Religion?

Rezepte – Traditionen – Rituale – Tabus

WERDVERLAG

Idee und Text Noam Hertig, Israelitische Cultusgemeinde
Zürich (Hrsg.), Ümran Bektas, Raschida Bouhouch,
Michael Goldberger, Daphna Hertig, Veronika Jehle,
Tenzin Khangsar, Krishna Premarupa Dasa, Cebrail Terlemez,
Matthias Wenk, Julian Zagalak, Sabina Sacisuta Zahn

Bildkonzept Ibrahim Bokharouss

Fotos Ibrahim Bokharouss, Raschida Bouhouch,
Ulrika Pettersson, Lucas Stolwijk

Gestaltung und Satz Claudia Neuenschwander

Lektorat Linda Malzacher

Druck Bodan AG Druckerei und Verlag, Kreuzlingen

gedruckt in der
schweiz

ISBN 978-3-85932-690-3
www.werdverlag.ch

Inhalt

Hinduismus

Nahrung ist Gott –
Essen im Hinduismus

Kitchari zum Jahresbeginn

Pongal

Raita zu Mahashivaratri

Varuni für Balarama

Modak zu Ganesha Caturthi

Kuttu Paratha

Halava zur Govardhana-Puja

Islam

«... esset und trinket, doch
überschreitet das Mass nicht»

Rosensharbat

Sahlab

Harira

Chabakia

Samosas

Pakistanisches Lamm-Biryani

Aschura – Noahs Pudding

Kasachische Baursak

Judentum

Vorwort

Im März 2011 erhielt ich von der Israelitischen Cultusgemeinde Zürich (ICZ) den Auftrag, anlässlich ihres 150-jährigen Jubiläums 2012 ein Projekt zu starten, das verschiedene Religionsgemeinschaften zusammenbringt. Die Integration der jüdischen Gemeinschaft Zürichs kann am Beispiel der ICZ als nachhaltiger Erfolg bezeichnet werden. Aus dieser Erkenntnis heraus möchte die ICZ selbst einen grenzüberschreitenden Beitrag zu Integration und Koexistenz der verschiedenen Religionen leisten. Doch was verbindet Religionen und ihre Mitglieder miteinander? Die Antwort kam meiner Frau Daphna und mir im Amsterdamer Kaffeehaus «Bazaar». In hebräischer sowie arabischer Schrift stand dort gross an der Wand der folgende Satz geschrieben: **«Eine gemeinsame Mahlzeit ist das Öl für die Freundschaft.»**

Daraus entstand die Idee eines interreligiösen Kochbuchs, das anhand ausge- wählter Rezepte einen tiefen Einblick in die Traditionen, Rituale und Tabus der fünf Weltreligionen gewährt. In jeder Religion spielen Kochen und Essen eine zentrale Rolle. Jede religiöse Tradition verfügt über diverse Bräuche, Geschichten und Regeln im Zusammenhang mit dem Essen. Überall gibt es traditionelle Rezepte, die zu speziellen Anlässen zubereitet werden und in ihrer Symbolik oft Elemente der religiösen Weltanschauungen ausdrücken. In einigen Religionen gibt es zudem Vorschriften über erlaubte und verbotene Speisen sowie über Zeiten, während denen auf gewisse Nahrungsmittel oder auf das Essen überhaupt verzichtet werden soll.

Ich durchstöberte mein interreligiöses Netzwerk und innert kürzester Zeit brachten wir ein engagiertes Autoren- und Fotografenteam aus jungen praktizierenden Vertretern der fünf Weltreligionen zusammen, die das anregende Projekt gemeinsam realisieren wollten. Jede/r Autor/in stellte sich der Herausforderung, Rezepte aus seiner/ihrer Religion sowie dazugehörige Hintergrundinformationen zu sammeln und in leicht verständlichen Worten niederzuschreiben. Schnell zeigte sich, wie gross die kulinarische Vielfalt ist, selbst innerhalb der einzelnen Religionen. Ein vierköpfiges Team übernahm

die umfangreiche Aufgabe, die 39 vorgestellten Gerichte zu fotografieren.
Innerhalb von sieben Monaten besuchten die Fotografen beinahe im Wochen-
takt zahlreiche hilfsbereite Familien und Bekannte aus den verschiedenen
Glaubensgemeinschaften, die ihre Küchentüren warmherzig öffneten.

Den Fotografen gelang es, diesen intimen Einblick in die religiösen und kulinarischen
Lebenswelten mit einladenden und ausdrucksstarken Bildern zu erfassen.
Die Fotos vermitteln einen Blick hinter die Kulissen der Zubereitung und zeigen
die Rituale rund um die Mahlzeiten.

Die Rezepte sind gemäss den fünf Weltreligionen (in alphabetischer Reihenfolge)
geordnet. Jedes Kapitel beginnt mit einem Einführungstext zur Bedeutung des
Essens in der jeweiligen religiösen Tradition, verfasst von einem/einer kompetenten
Vertreter/in dieser Religionsgemeinschaft. Rabbiner Michael Goldberger, der
den Einführungstext für das Judentum verfasste, konnte den besonderen Moment
der Buchveröffentlichung leider nicht mehr mit uns teilen. Möge sein Beitrag
uns alle in liebevoller Erinnerung inspirieren.

Während des Entstehungsprozesses lernten wir – über den Magen – viel voneinander, sowohl über die eigene als auch über die anderen religiösen Traditionen.
Im Rückblick bewerten wir dieses Projekt im Spannungsfeld zwischen den verbin-
denden und trennenden Elementen des Essens als Beitrag zur erfolgreichen
Integration und zum besseren gegenseitigen Verständnis. Wir wünschen uns,
dass wir mit dieser kulinarischen Reise durch die multireligiöse Schweiz
dem Leser und der Leserin näherbringen können, was, wann und wie Religion
hierzulande isSt.

Noam Hertig (Projektleiter)
Im August 2012

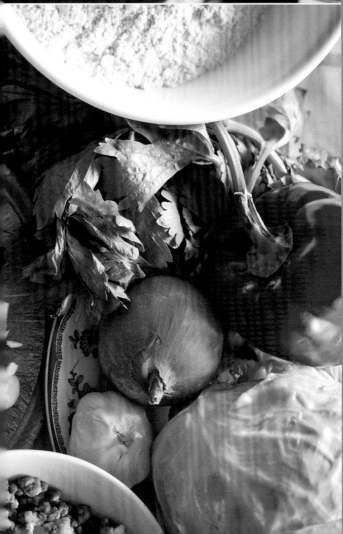

Buddhismus

«Möge die Nahrung,
die ich heute erhalten habe,
alle lebenden Wesen befähigen,
satt zu werden. Ich selbst
nehme die Nahrung zu mir,
um sie ohne Gier Ihnen
allen zuteil werden zu lassen.»

Tibetisches Tischgebet

Essen im Zeichen des Mitgefühls – Nahrung im Buddhismus

VON TENZIN KHANGSAR Wenn man an Asien denkt, dann kommen einem nebst einer Anzahl von wunderschönen Feriendestinationen unwillkürlich die kulinarischen Köstlichkeiten in den Sinn, die auch hier im Westen eine immer grösser werdende Fangemeinde haben. Den Möglichkeiten sind mittlerweile keine Grenzen mehr gesetzt – schon lange muss man nicht mehr unzählige Stunden im Flugzeug in Kauf nehmen, um asiatische Leckereien zu geniessen. In jeder grösseren Schweizer Stadt gibt es heute eine Auswahl verschiedener Restaurants und Lokale, wo Landsleute ihre Delikatessen anbieten oder Kochkurse veranstalten, in denen sich Interessierte als Asia-Koch versuchen können. Doch den wenigsten ist bewusst, dass eine Vielzahl der Gerichte im Buddhismus eine wichtige Rolle spielt. Diese Tatsache zieht sich wie ein roter Faden durch sämtliche Länder auf dem grössten der fünf Kontinente.

In der höchstgelegenen Region der Welt zum Beispiel, wo der Himmel die Erde berührt und die schier endlose Weite der Landschaft einem den Atem raubt, sind die kulturellen und religiösen buddhistischen Traditionen im tiefen Einklang mit der Natur und dem Glauben. Die rauen klimatischen Bedingungen in Tibet, dem Dach der Welt, widerspiegeln exakt die Lebensgewohnheiten seiner Bewohner und geben einen ersten Einblick, wie sich das Leben und Überleben dort gestalten muss. Der Glaube hier ist so endlos wie der Himmel: «Om Mani Padme Hum» – zu Deutsch so viel wie «Oh, du Juwel im Lotus» – bezeugt im tibetischen Buddhismus eine grundlegende Wahrheit.

Wir Buddhisten interpretieren die tiefere Bedeutung dieses Mantras als: «Aus allem Schlechten geht auch etwas Schönes und Vollkommenes hervor.» Dieses Wissen gibt uns die Kraft, auch unter schweren Voraussetzungen das Leben von einer positiven Seite zu sehen.

Denn das Leben, wie wir es kennen, bedeutet nichts als Leid und Prüfungen; und das Ziel ist die vollkommene Erleuchtung (Nirwana). Aus diesem Grund sind in Tibet die eingeschränkten Möglichkeiten der Landwirtschaft sowie der Mangel an Fleisch ernährungstechnisch ein Nachteil, aber auf religiöser Ebene eine Prüfung, eine Herausforderung, welche es in diesem Leben und vielleicht auch im nächsten zu meistern oder zu bestehen gilt. Das traditionelle tibetische Tischgebet, welches vor jeder Mahlzeit gesprochen wird, bezeugt die Demut eines jeden, der hinter dieser Lehre steht:

«Dem unübertrefflichen Lehrer, dem kostbaren Buddha, dem unübertrefflichen Schutz, dem kostbaren Dharma, dem unübertrefflichen Wegweiser, dem kostbaren Sangha, den drei seltenen und kostbaren Orten der Zuflucht, danke ich dir für diese Speisen und bringe diese Opfergabe dar, um das Elend meiner selbst sowie auch das der anderen Lebewesen zu schmälern.»

Die Basis der tibetischen Küche bilden Fleisch- und Milchprodukte (von Yaks, Ziegen und Schafen) sowie Gerste, Hirse, Hülsenfrüchte und ein paar wenige Gemüsesorten. Aus dieser kleinen Auswahl haben sich in den letzten Jahrhunderten einige traditionelle nationale Delikatessen ergeben, und einige definieren ihre Symbolik für bestimmte Riten und Feiern. Man unterscheidet jedoch stark zwischen alltäglichen Speisen und festlichen Gerichten. Tsampa zum Beispiel, ein Mehl aus gerösteter Gerste, welches mit Tee gemischt wird, ist das Grundnahrungsmittel in Tibet und wird nahezu bei allen alltäglichen Mahlzeiten als Beilage gegessen. Doch an besonderen Anlässen werden besondere Spezialitäten zubereitet, wie die tibetischen Rezepte in diesem Buch verdeutlichen sollen.

Ganz anderes findet sich in den südöstlichen Ländern Asiens. Hier könnte man meinen, dass jedes einzelne der Gerichte ein Festmahl darstelle. Dies gilt ganz besonders für jenes Land, welches sich in den letzten Jahren zu einer der Lieblingsferiendestinationen der Europäer entwickelt hat: Thailand. Bereits der Name dieses exotischen Königreiches weckt bei vielen Menschen klischierte Vorstellungen: blendend weisse Sandstrände, undurchdringlicher Urwald mit wilden Tieren, einige schwärmen von der herzlichen Gastfreundschaft und andere bewundern die einzigartige Kultur des Theravada-Buddhismus in Südostasien mit den historischen Tempeln und versunkenen Königreichen. Reisende, die Thailand besucht haben, sind nicht nur von den Naturschönheiten, sondern auch von den kulinarischen Köstlichkeiten fasziniert. Die thailändische Küche hat den berechtigten Ruf, eine der vielseitigsten Küchen der Welt zu sein. Feiertage und Feste sind hauptsächlich religiöser Natur, gedenken vor allem bedeutender Ereignisse in der Geschichte des Landes oder haben mit Feierlichkeiten des Königshofes zu tun. Die Essensgewohnheiten in Thailand verdeutlichen nebst dem religiösen Kontext die geografische Lage des Landes, zeigen aber auch die lebensfrohe Einstellung der Thais, wie zum Beispiel das thailändische Neujahrsfest Songkram, welches auch als «Wasserfest» bekannt ist. Verbunden mit jeder Wässerung sind die besten Wünsche für das nun beginnende neue buddhistische Jahr. Zum Fest werden die Häuser und Tempel auf Hochglanz poliert, sämtliche Statuen und Abbildungen Lord Buddhas gesäubert und in einer rituellen Zeremonie mit Wasser übergossen. Das Gleiche wiederholt man anschliessend mit den Geistlichen und Familienältesten, um ihnen Respekt zu zollen. Eine besonders schöne Geste stellt das Freilassen von Fischen und Vögeln dar, die in Käfigen oder Gläsern gehalten werden. Grundsätzlich wird an diesen religiösen Zeremonien auf Fleisch verzichtet und es werden stattdessen Früchte oder Erzeugnisse aus Milch wie Käse oder Joghurt konsumiert. Der Ursprung dessen liegt im Andenken an die erste Unterweisung Buddhas vor seinen Jüngern und läutet die Fastenzeit ein, welche drei Monate dauert und in der sich die Ordensbrüder zur Meditation in ihren Tempeln einfinden.

Generell spielt die Tradition des Fastens oder der Verzicht auf Fleisch in sämtlichen buddhistischen Ländern eine besondere Rolle. Im Land der aufgehenden Sonne, in Japan, findet man eine besondere Art des Fastens, welche sich durch Ahnenkult sowie das Gedenken und Verehren der Verstorbenen auszeichnet: Dort symbolisiert das Verzichten auf Nahrung eine Vergeistigung, eine Art innere Selbstfindung zur Anknüpfung an rituelle Handlungen, die nur den allerhöchsten religiösen Würdenträgern vorbehalten war.

Der Zen-Buddhismus, die am weitesten verbreitete Form des Buddhismus in Japan, spielt hauptsächlich bei der Anbetung der verstorbenen Ahnen eine Rolle. Die meisten Gläubigen werden der buddhistischen Tradition gemäss bei ihrem Tod verbrannt und eingeäschert. Jeder Familienhaushalt besitzt einen eigenen Hausaltar, der mit Bildnissen und Erinnerungsstücken der Verstorbenen dekoriert ist. In religiösen Zeremonien werden nach strengem Protokoll die traditionellen Riten begangen, um den diesseitigen Nutzen zu begehen, das heisst, dass man die Ahnen durch Respektbekundungen um ihren Segen und Schutz zum Wohle der Familie bittet. Um den Verblichenen zusätzlich Respekt zu zollen und Geist und Körper rein zu halten, fastet man gänzlich.

Abgesehen vom weltbekannten Sushi findet man in Japan eine grosse Vielfalt an weiteren Delikatessen, welche ebenfalls aus Fisch bestehen.

An Setsebun beispielsweise, dem Fest des Jahreswechsels, wirft der Familienvorstand innerhalb und ausserhalb des Hauses Bohnen und ruft dabei: «Glück herein! Böse Geister heraus!»

Fenster und Türen sind dabei geöffnet. Anschliessend isst man die Bohnen, je Lebensjahr eine. Als Beilage gibt es eine breite Auswahl an verschiedenen Gemüsesorten, Fischen und Meeresfrüchten.

Ob religiös, kulturell oder geschichtlich: Es wird ersichtlich, wie ähnlich und doch verschieden die Essgewohnheiten, die Gepflogenheiten und der Hintergrund der Feste und Feiern innerhalb des Buddhismus sind. In diesem Sinn: En Guete!

Chinesische Glasnudeln als Festbeilage
Ping-i-Sha

Art Beilage/Vorspeise, koscher/
halal (wenn ohne Schwein)

Zeitaufwand ca. 80 Minuten

Zutaten für 4 Personen

250–300 g geschnetzeltes Rind-
oder Schweinefleisch

2–3 Kartoffeln, festkochend

1–2 Peperoni

30–50 g Glasnudeln, getrocknet

20–50 g Mu-Err-Pilze (auch bekannt
als Judasohren) oder weisse
Champignons, getrocknet

5–6 Chilischoten (je nach Vorliebe)

Salz

Pfeffer

2 EL Sojasauce

Pflanzenöl

Einkaufstipp Mu-Err-Pilze gibt es
im Asia-Shop oder in grösseren
Filialen der Lebensmitteldetaillisten.

Zubereitung   1 Die getrockneten Pilze eine Stunde in lauwarmem Wasser einweichen und anschliessend gut abtropfen lassen. 2 Die Kartoffeln und die Peperoni in kleine Würfel oder ganz feine Scheiben schneiden und mit dem Fleisch in einer beschichteten Pfanne in etwas Öl 10–15 Minuten anbraten. 3 Anschliessend die Glasnudeln, die eingeweichten Pilze und 5–6 dl Wasser hinzugeben und 10 Minuten garen. 4 Chilischoten fein hacken und alles mit Salz, Pfeffer und Sojasauce abschmecken. Als Beilage mit Reis servieren.

FEIERLICHKEITEN IN TIBET Zu allen feierlichen Anlässen in Tibet gehört das traditionelle Ping-i-Sha: gekochte Glasnudeln, die mit gebratenem Rind- oder Schweinefleisch angerichtet werden. Innerhalb der tibetischen Küche – egal zu welchem Anlass – ziert diese Beilage jede Festtagstafel. Eine besondere Bedeutung in einem religiösen oder kulturellen Kontext misst man diesem Gericht nicht zu; es wird jedoch überliefert, dass es sich als besondere Import-Delikatesse aus dem Nachbarland China etabliert hat und von Handels- und Kaufleuten im Verlauf des 19. Jahrhunderts nach Tibet gebracht wurde. Dafür sprechen die Glasnudeln, die ein wichtiger Bestandteil vieler Gerichte Chinas sind, in der ursprünglichen tibetischen Küche aber nicht vorkommen.

Milchreis mit Rosinen zum tibetischen Neujahrsfest

Dresi zu Losar

Art Süssspeise/Hauptgericht,
vegetarisch/koscher/halal

Zeitaufwand 25–30 Minuten

Zutaten für 4 Personen

300 g Basmatireis

8 dl Wasser

8 dl Milch

4 EL Zucker (je nach Vorliebe
auch Vanillezucker)

100 g Rosinen

Tipp Je nach Vorliebe kann eine Auswahl an verschiedenen Früchten oder Gewürzmischungen (z. B. Zimt) beigefügt werden.

Zubereitung   **1** Vorzugsweise in einem Dampfkochtopf Wasser aufkochen. Milch und Zucker dazugeben. Den Reis darin 10 Minuten zu einem Brei kochen und weitere 10 Minuten ziehen lassen.
2 Anschliessend die Rosinen beifügen.

TIBETISCHES NEUJAHRSFEST Einer der wichtigsten Feiertage im tibetischen Buddhismus ist das traditionelle Neujahrsfest, Losar, welches anders als hier im Westen auf kein bestimmtes Datum fällt, sondern je nach Berechnung und Orientierung des Mondkalenders immer auf unterschiedliche Daten fallen kann. Somit variiert der Neujahrstag, was die Freude und Begeisterung, die die tibetische Bevölkerung zu Beginn des neuen Jahres empfindet, jedoch keineswegs schmälert. Denn ein Grundsatz des Buddhismus lehrt, dass der Tod lediglich einen Neuanfang darstellt. Und so ist auch

der einfache spirituelle Sinn hinter dem Neujahrsfest nachvollziehbar: Allfällige negative Erfahrungen und Erlebnisse des hinter einem liegenden Jahres gehören nun der Vergangenheit an und Glück und Zufriedenheit für das neue Jahr stehen im Vordergrund.

Um diese positiven Zustände für die Zukunft zu gewährleisten, muss vorerst eine Vielzahl verschiedener Dinge beachtet werden, die unmissverständlich im buddhistischen Karma und dem dazugehörigen Zyklus verdeutlicht sind. Denn die ersten beiden Wochen des neuen Jahres sind zentral und bestimmen den Werdegang eines jeden von uns. In diesem Zeitabschnitt werden die Handlungen und Taten, egal ob guter oder schlechter Natur, gemäss der buddhistischen Lehre um ein Hunderttausendfaches vervielfacht. Alle achten deshalb besonders darauf, ihre Lebensweise in Einklang mit Buddha zu bringen und ihre Taten, Gewohnheiten und besonders ihre Gedanken zu hinterfragen. Negative Gefühle wie Wut, Neid oder Gier und Eifersucht erzeugen falsche Handlungen und Entscheidungen. In diesem Kontext erkennt man die tiefere Bedeutung: Das Erkennen seiner negativen Handlungen bildet den Auftakt auf dem Weg zum tieferen Verständnis seiner selbst und seiner Mitmenschen.

Das Losar-Fest wird nicht nur an einem Tag gefeiert, sondern eine ganze Woche lang. Für die Festlichkeiten werden die Wohnungen und Häuser gründlich gesäubert, man stickt und näht neue Gebetsfahnen in allen Farben und befestigt sie hoch über den Dächern und an Baumwipfeln, und auch kulinarisch gibt es die eine oder andere Delikatesse.

Eine ganz besondere Spezialität stellt das Dresi dar, ein süsses Milchreis-Gericht mit Rosinen, das nur anlässlich des Neujahrsfestes zubereitet und als Beilage serviert und verzehrt wird. Die Symbolik dahinter ist so simpel wie religiös: Zu Beginn des neuen Jahres soll im Hinblick auf die Bedeutung der ersten zwei Wochen des Jahres auf Fleisch verzichtet werden. Kein Lebewesen soll für den Verzehr getötet werden, denn die Sünde des Fleischkonsums wird um ein Hunderttausendfaches

verstärkt. Vor diesem religiösen Hintergrund hat sich im Lauf der Jahre eine Tradition entwickelt, die sich heutzutage bei Jung und Alt grösster Beliebtheit erfreut.

Die Kinder schätzen die süsse Köstlichkeit, während die Erwachsenen neben dem Genuss auch dem buddhistischen Grundkern Tribut zollen können.

Als weitere traditionelle Speise wird Guthuk zubereitet, eine Suppe mit grossen Teigbällchen darin. Diese werden mit verschiedenen Dingen wie beispielsweise Holz, Wolle, Gewürzen und Symbolen gefüllt. Am Vorabend des neuen Jahres wird die Suppe im Kreis der Familie gegessen, wobei die Teigbällchen im Dunkeln willkürlich auf die Teller geschöpft werden. Jeder Inhalt der Teigbällchen steht für eine besondere Eigenschaft oder Eigenart des jeweiligen Empfängers. In einem religiösen Kontext spielt diese Mahlzeit keine Rolle; unter den tibetischen Mönchen wird das Ritual als ein letztes Überbleibsel der alten Ur-Religion Tibets, dem Bön, betrachtet.

Während die ersten zwei Tage des Neujahrsfestes im Familienkreis gefeiert werden sind ab dem dritten Tag sämtliche Verwandte und Freunde willkommen; es ist ein stetiges Kommen und Gehen. In den Klöstern werden Rauchzeremonien abgehalten und Mönchsgemeinschaften besuchen auf Wunsch Familien, um die Zeremonie am Hausaltar abzuhalten. Auf öffentlichen Plätzen werden Tanzdarbietungen aufgeführt, die unter anderem den Sieg des Buddhismus über den alten Glauben darstellen.

Japanisches Fleischcurry mit Reis zum Kirschblütenfest

Kare Raisu zu Hanami

Art Hauptgericht, koscher/halal
(wenn ohne Schwein)

Zeitaufwand 50–60 Minuten

Zutaten für 4 Personen

400 g Poulet- oder Schweinefleisch

2–4 Kartoffeln, festkochend

2–3 Karotten

2 Zwiebeln

1 Knoblauchzehe

Etwas Ingwer

5 dl Hühner- oder Gemüsebouillon

Pflanzenöl

Je 3–4 EL Curry, Mehl und Pfeffer

400 g Langkornreis

Tipp Je nach Vorliebe Chili (scharf) oder Früchte (z. B. Kirschen, Ananasstücke – süss) daruntermischen. Wer ein original Kare Raisu probieren möchte, für den empfiehlt sich ein Besuch beim Asia Store, HB Halle Sihlquai, Konradstrasse 1, 8005 Zürich.

Zubereitung   1 Das Fleisch, die Kartoffeln und die Karotten in mundgerechte Stücke schneiden. 2 Das Fleisch bei mittlerer Hitze 10 Minuten in Pflanzenöl anbraten und mit wenig Curry und Pfeffer würzen. Kartoffeln und Karotten hinzufügen und weitere 5 Minuten braten. Mit 2–3 dl Wasser ablöschen und mindestens 15 Minuten leicht köcheln lassen. 3 Zwiebeln, Knoblauch und Ingwer fein hacken. In einer separaten Pfanne bei niedriger Hitze ebenfalls in Pflanzenöl 2–3 Minuten andünsten. 4 Bouillon, Mehl, Curry und Pfeffer beigeben und während 2–3 Minuten unter ständigem Rühren aufkochen. Sobald die Mischung dickflüssiger wird, umgehend zu Fleisch und Gemüse geben und gut mischen. Bei mittlerer Temperatur 15–20 Minuten ziehen lassen. 5 Zwischenzeitlich den Reis waschen und bei hoher Temperatur in 5 dl Wasser in einem Dampfkochtopf 15–20 Minuten kochen.

KIRSCHBLÜTENFEST Im Land der aufgehenden Sonne sind Unterschiede so allgegenwärtig wie der Kontrast zwischen Moderne und Tradition. Immer wieder fallen einem diese Gegensätze auf, und dies macht Japan nicht nur zu einem beliebten Reiseziel für abenteuerlustige Touristen, sondern auch für Liebhaber kulinarischer Raffinessen. Wer jetzt unwillkürlich an rohen Fisch denkt, dem sei versichert, dass das Land weit mehr an Delikatessen zu bieten hat als Sushi. Das beste Beispiel dafür bietet sich seit einigen Jahrhunderten jeweils zu Frühlingsanfang, welcher in Japan traditionell Ende März gefeiert wird: Hanami, das Kirschblütenfest.

Die religiöse Bedeutung zementiert den Stellenwert des Festes im ganzen Land. Die Kirschblüte symbolisiert in Japan die Vergänglichkeit. Dahinter steht eine Lehre, die sich durch alle Richtungen und Formen innerhalb des Buddhismus zieht: Nichts auf dieser Welt hat Bestand. Alles geht ins Nichts und wird zu Nichts. In Japan wird besonders die Vergänglichkeit der Schönheit hervorgehoben, denn die Kirschblüten erblühen je nach Gegend für eine kurze Zeitspanne von nur ca. 10 Tagen zu voller Pracht, bevor sie verwelken. In der Umgangssprache hat sich ein ironisches Sprichwort durchgesetzt, das ursprünglich im religiösen Kontext der Vergänglichkeit stand: «Hana yori dango», zu Deutsch «Alle anderen Dinge im Leben kommen vor den Blumen» (Umschreibung für «schön»).

Die Zen-Lehre, welche in Japan praktiziert wird, zeichnet sich unter allen buddhistischen Richtungen als die am widersprüchlichste aus; hier wird weder das Gute noch das Schlechte klassifiziert oder werden Gegensätze verdeutlicht, sondern es wird vielmehr die Wichtigkeit und das Gleichgewicht beider Aspekte betont. Ein japanisches Gebet besagt unter anderem, dass Zen nichts sei und doch alles. Zen sei leer und doch voll. Zen sei der Anfang und das Ende. Somit zeichnet sich die grosse Mehrheit aller religiösen Feiern durch Stille und Ruhe aus.

Das Hanami-Fest gilt als eine der wenigen Festlichkeiten, bei denen Wert auf gesellschaftliche Aspekte gelegt wird. Während dieser zehn Tage feiern die Japaner das Ende des Winters und den Beginn des Frühlings.

Man begibt sich für Picknicks an öffentliche Plätze wie Parkanlagen oder Gärten und trifft sich mit Familie, Freunden und auch Fremden, um sich gegenseitig einen schönen Frühlingsanfang zu wünschen. Oft verweilt man ganze Tage oder Abende unter den Kirschbäumen und erzählt sich Geschichten und Anekdoten.

Zu diesen Anlässen wird in Japan das traditionelle Bent gereicht, in dem die Hauptspeise Kare Raisu verzehrt wird. Dabei handelt es sich um eine spezielle Darreichungsform, bei der in einem Kästchen mehrere Speisen durch Schieber voneinander getrennt sind.

Die Ursprünge des Gerichts Kare Raisu sind schriftlich überliefert und gehen zurück ins 8. Jahrhundert, über die genaue Entstehung ist man sich aber uneins. Jedoch geniesst man dieses exklusive Gericht immer unter einem blühenden Kirschbaum und macht sich einen Spass daraus, die eine oder andere Blüte, die in das Essen fällt, herauszufischen.

Gedämpfte Teigtaschen mit Hackfleischfüllung
zur Geburt Buddhas

Momos zu Saga Dawa

Art Hauptgericht, koscher/halal
(wenn ohne Schwein)

Zeitaufwand 50–60 Minuten

Zutaten für 4 Personen

Füllung

400–500 g gehacktes Rind- oder
Schweinefleisch

1–2 Zwiebeln

1–2 Knoblauchzehen

½–1 Kopf Weiss- oder Rotkohl

1 Stangensellerie

3 EL Sonnenblumenöl

2 EL Ingwer, gerieben

Je 1–2 TL Pfeffer, Salz oder Curry
(je nach Vorliebe)

1–2 EL Hühner-, Gemüse- oder
Rindsbouillon

Teig

600 g Mehl

1 TL Salz

2 ½–3 dl Wasser

Tipp Heiss und mit scharfer Chili-
sauce geniessen. Mit Erbsen oder fein
geschnittenen Karotten verfeinern.

Zubereitung 1 Für die Fleischfüllung Zwiebeln, Knoblauch, Kohl und Sellerie so klein wie möglich schneiden und mit Hackfleisch und Öl in einer Schüssel zu einer homogenen Masse zusammenfügen. Mit verschiedenen Gewürzen, Ingwer und Bouillon nach Belieben abschmecken. Die Mischung in den Kühlschrank stellen. 2 Mehl, Salz und Wasser zu einem Teig kneten. Wichtig ist, dass der Teig nicht zu weich geknetet wird. Je nach Konsistenz des Teiges kann noch ein wenig Wasser oder Mehl dazugegeben werden. Sobald die gewünschte Festigkeit erreicht ist, den Teig 30–40 Minuten zugedeckt ruhen lassen. 3 Anschliessend den Teig auf dem vorher gesäuberten Tisch oder einer hölzernen Unterlage maximal 4 mm dick auswallen und Rondellen von 7–9 cm Durchmesser ausstechen. Tipp: Ein Trinkglas oder eine Tasse mit dem entsprechenden Durchmesser eignet sich ideal dafür. 4 Jeweils einen gehäuften EL Fleischfüllung auf die Teigrondellen geben. Diese in der Mitte falten und an den Rändern gut festdrücken. 5 Die Momos auf einer Seite mit Öl bestreichen und in einer weiten Pfanne in ½–1 dl Wasser 20–25 Minuten im heissen Dampf garen.

BUDDHAS GEBURTSTAG Nebst feierlichen Anlässen wie an Familienzusammenkünften, Geburtstagen oder besonderen Ereignissen wird auch an einem der wichtigsten religiösen Feste die tibetische Nationalspeise Nummer 1 serviert: Momo, gedämpfte Teigtaschen, die mit Hackfleisch oder Gemüse gefüllt sind und eine besondere Delikatesse darstellen. Obwohl ursprünglich aufgrund der Verwendung von Fleisch verpönt, findet man Momos auf jeder tibetischen Feiertagstafel. Die Teigtaschen werden im Dampf gegart und typischerweise mit einer Suppe als Vorspeise sowie ein

wenig Gemüse zum Schluss serviert. Da Fleisch in Tibet bis ins letzte Jahrhundert sehr rar war, wurde diese Spezialität ausschliesslich als Feiertagsspeise serviert. Heute symbolisieren Momos das freudigste Ereignis der Buddhisten: die Geburt Buddhas. An diesem höchsten buddhistischen Feiertag, genannt Saga Dawa, sollen sich alle von ganzem Herzen freuen, denn es wird gleichzeitig die Geburt, die Erleuchtung sowie das Eingehen Lord Buddhas ins Nirwana zelebriert.

Bei den Feierlichkeiten wird eine Reihe von zeremoniellen Ritualen durchgeführt, welche auch als Symbol

für den Verzehr der Momos gelten. In jedem grösseren Tempel- und Klosterhof werden zu diesem Zweck drei grosse Kreise auf die Böden der Innenhöfe gezeichnet, die von den Gläubigen mehrmals im Gebet umrundet werden – der innere Kreis steht für die Geburt Buddhas, der mittlere für seine Erleuchtung und der äussere für seinen Einzug ins Nirwana. Diese Prozession dauert mehrere Tage lang jeweils einige Stunden und soll allen Lebewesen den langen und schwierigen Kreislauf der Reinkarnation verdeutlichen, bis man diesen irgendwann durchbricht und die Erleuchtung erlangt.

Als besonderer Höhepunkt dieser Zeremonie gilt das anschliessende Hissen der Gebetsfahnen an einem Mast, der ursprünglich aus der Gegend des Mount Kailash – dem heiligsten aller Berge in Tibet – stammt.

Die Bevölkerung, die aus allen Teilen des Landes kommt, versammelt sich bei den jeweiligen Klöstern und Tempeln, um diesem Schauspiel beizuwohnen und dem Erleuchteten voller Dankbarkeit mit einem Gebet zu gedenken. Jede Familie hat das Recht, ihre eigenen Fahnen zumindest für einen kurzen Augenblick am Mast anzubringen, damit ihre Hoffnungen und Gebete zum Wohl aller Lebewesen hinaus in die Welt getragen werden. Eine alte Überlieferung besagt, dass wenn der Mast trotz des Gewichts der vielen Fahnen aufrecht stehen bleibt, Glück und Wohlstand des Landes gesichert seien. Anschliessend wird mit viel Ausgelassenheit und Frohsinn gefeiert – und um dieser Freude auch kulinarisch Ausdruck zu verleihen, werden im ganzen Land Momos gereicht.

Gebratene Pouletbrust mit Kokosmilch und Reis
zu Ehren der Erleuchtung Buddhas

Tom Kha Gai zu Asalha Puja

Art Hauptgericht, koscher/halal

Zeitaufwand 30–45 Minuten

Zutaten für 4 Personen

400–500 g Pouletbrust

7–8 dl Kokosmilch

2–3 dl Wasser

2 Zwiebeln

2 Stängel Zitronengras

Koriander

2 Tomaten

100–150 g Champignons

40–50 g Galgant (Thai-Ingwer)

2–3 EL Limonensaft
    (Zitrone oder Limette)

1–2 Chilischoten

Salz

1 EL Zucker

Zubereitung   1 Fleisch entweder in feine Scheiben oder in Würfel schneiden und in einer Pfanne oder einem Wok in Kokosmilch und Wasser 15 Minuten aufkochen. 2 Zwiebeln, Zitronengras und Koriander fein hacken. Tomaten, Champignons und Galgant grob schneiden und alles mit dem Limonensaft in die Suppe geben. Bei 50–60°C weitere 15 Minuten köcheln lassen. 3 Chilischoten in feine Ringe schneiden, kurz vor dem Servieren beifügen und mit Salz, Koriander und Zucker abschmecken.

Tipp Sofort heiss geniessen, sonst verliert das Tom Kha Gai seinen einzigartigen Geschmack.

Einkaufstipp Thai-Ingwer ist beispielsweise erhältlich bei Chiang Mai Tai Shop, Josefstrasse 13, 8005 Zürich oder im Sala-Thai Shop, Zwinglistrasse 32, 8004 Zürich.

ASALHA PUJA Traditionell symbolisiert der Vollmond die Tage des Monsuns, also die Regenzeit im thailändischen Sommer. Am Tag des Vollmonds im 8. Monat (nach westlicher Zeit im Juli) wird eines der wichtigsten Feste im thailändischen Buddhismus gefeiert: Asalha Puja – das Fest zu Ehren der Erleuchtung Buddhas und seiner ersten Rede beim Tierpark in Varanasi (Indien). Zeitgleich findet das Khao-Phansa-Fest statt, das am 28. Juli beginnt und den offiziellen Beginn der Fastenzeit symbolisiert. Beide Feste stehen in unmittelbarem Zusammenhang.

An den Feierlichkeiten finden in den Klöstern und Tempeln religiöse Unterweisungen statt, die die Symbolik von Buddhas Vortrag nachstellen sollen. Abends werden zahlreiche Lichterprozessionen durch die Stadt veranstaltet, an denen auch Lebensmittel an die Bedürftigen verteilt werden. Eine besondere Art der Spende wird dem Erleuchteten an jedem Altar in Form von frischen Früchten und Blumen dargebracht, als Dank für seine Lehren, die das Dunkel dieser Welt erhellt haben. Diese Dankesspenden sowie die Lichter sollen in jeden entlegenen Winkel der Welt getragen werden, um allen unwissenden Lebewesen die Möglichkeit der Erleuchtung zu bringen. Traditionell beginnt am darauffolgenden Tag die dreimonatige Fastenzeit der Mönche. Um den besonderen Wert dieses Festes zu verdeutlichen werden in dieser Zeit auch Laien in den Mönchsstand erhoben, da man sich davon eine besondere geistige und spirituelle Kraft Buddhas verspricht.

Doch was haben Kokosmilch und Pouletbrust mit der Erleuchtung Buddhas zu tun?

Einer alten Überlieferung zufolge soll der gerade erleuchtete Buddha seinen Jüngern in der ersten Unterweisung zwei Verbote auferlegt haben: Erstens sollten sie dem Wunsch entsagen zu begehren, körperlich wie auch geistig, und zweitens alle Dinge vermeiden, die zu Leid führen könnten. Das Ziel dieser Lehre sei, selbst zwischen falsch und richtig differenzieren zu können und sich darin zu üben, jedes Mal aufs Neue, um den Zyklus der Wiedergeburt zu versinnbildlichen. Die Mönche sollten lernen, auf besondere Delikatessen wie Fleisch zu verzichten, um den Geist zu stärken und sich somit von den Laien zu unterscheiden.

Während die Bevölkerung sich am Khai-Phansa-Fest an besonderen Gerichten wie dem Tom Kha Gai und anderem erfreut, sollen die Mönche fasten und ihrer Überzeugung Ausdruck verleihen, der Lehre Buddhas in seiner ersten Rede Folge zu leisten. Natürlich steht es auch allen anderen frei, sich diesen Verzicht aufzuerlegen. Die Einzigartigkeit dieser Dualität begründet eine weitere Wahrheit im Buddhismus: Vor dem Erreichen eines jeden Ziels steht der Verzicht. Und obwohl dies eine universelle Wahrheit ist, liegt im Buddhismus die Essenz darin, auf dem Weg dahin zu lernen, wie und worauf man wofür verzichtet.

Weizen-Joghurt mit Nüssen zum Joghurtfest

Schotsam zu Shoton

Art Süssspeise, Zwischenmahlzeit
oder Hauptgericht, vegetarisch/
koscher/halal

Zeitaufwand 15–20 Minuten
(+ 8–10 Stunden Ruhezeit)

Zutaten für 4 Personen

1 l Milch

50 g Naturejoghurt

4 EL Weizenmehl oder geröstetes
Gerstenmehl (Tsampa)

1 Handvoll gehackte Baumnüsse

Tipp Je nach Vorliebe können
Früchte oder Gewürze wie Vanille
oder Zimt beigefügt werden.

Einkaufstipp Tsampa gibt es im
Reformhaus oder im Bioladen.

Zubereitung 1 Milch auf ca. 30–40°C leicht erwärmen. Naturejoghurt zugeben und mit einem Schwingbesen unterrühren. Deckel auf die Pfanne legen und diese über Nacht an einem warmen Ort (am besten neben der Heizung) ruhen lassen. 2 Am nächsten Tag gehackte Nüsse und nach Belieben Gewürze und klein geschnittene Früchte beigeben. In den Kühlschrank stellen.

JOGHURTFEST Dieses Fest hat eine besonders weitreichende und tiefgründige Tradition: Die Ursprünge gehen zurück ins 17. Jahrhundert. Der Legende nach ermahnte Tsongkhapa, der Begründer einer der vier Glaubensrichtungen im tibetischen Buddhismus, die Mönche von Mai bis Juli zur Selbstkultivierung innerhalb der Klöster. In dieser Zeit sollten keine Tiere getötet und kein Fleisch gegessen werden. Ausserdem sollte über kürzere Phasen gefastet werden, um den Geist zu stärken. Demzufolge war es den Mönchen während drei Monaten im Jahr untersagt, ihr Kloster zu verlassen, und sie sollten sich stattdessen im Geist der buddhistischen Meditationen üben. Nach Ablauf dieser drei Monate wurden grosse Mengen Joghurt, Butter und Käse produziert, welche an die örtlichen Klöster gespendet wurden. Sobald das Verbot für die Mönche aufgehoben war, strömten sie aus den Klöstern, um sich an den gespendeten Milchspeisen zu laben. Diese Geschichte versinnbildlicht die grundlegende buddhistische Weisheit, die seitdem im direkten Zusammenhang mit der traditionellen Sommermeditation steht: «Om Mani Padme Hum» – aus allem Schlechten entsteht etwas Gutes – was hier nun so ausgelegt wird, dass man durch viele Anstrengungen und Disziplin am Ende belohnt wird.

Seit Mitte des 17. Jahrhunderts wird das Shoton-Fest in Lhasa mit Darstellungen der tibetischen Oper gefeiert. Daher nennt man es auch das Tibet-Oper-Fest. Es ist ein fröhliches Fest und zeichnet sich durch bunte Farben, Vielfalt und gute Unterhaltung aus. Den Auftakt bildet die Buddha-Ausstellung im berühmten Kloster Drepung. Durch das ganze Tal ertönen Trompeten, es werden Schriften rezitiert und die Tibeter legen weisse Glücksschleifen (Khatas) vor ein riesiges Gemälde Buddhas (Tangkha). Danach kann man sich im Tempelhof die tibetische Oper ansehen. Am Nachmittag steht der Sommerpalast-Park des Dalai Lama, der Norbulingka, im Zentrum der Aktivitäten. In der Stadt wird das Fest zum Anlass genommen, um Warenbörsen zu veranstalten, und auf dem Land finden Pferderennen und Darbietungen aller Art statt.

Heutzutage wird das Joghurtfest gegen Ende des tibetischen Frühlings gefeiert und obwohl der Name gleich geblieben ist, steht es nicht mehr im direkten Zusammenhang mit Joghurt. Vielmehr wird an diesem Tag gänzlich auf Fleisch verzichtet. Stattdessen wird selbstgemachter Joghurt, angereichert mit Tsampa (siehe S. 14, 34), Zucker, Nüssen und Früchten, verzehrt, um die Lehren des Meisters Tsongkhapa zu ehren.

Tibetische Fleisch-Nudel-Suppe zum Lichterfest

Shagi-Tse Thugba zu Ganden Nagchö

Art Hauptgericht, koscher / halal
(wenn ohne Schwein)

Zeitaufwand 30–40 Minuten

Zutaten für 4 Personen

300–400 g schmale Nudeln

500 g gehacktes Rind- oder
Schweinefleisch

2 Zwiebeln

4 Karotten

1 Knoblauchzehe

1 weisser Rettich

250 g Blattspinat

250 g grüne Erbsen

Pfeffer

Gemüse-, Rinds- oder
Hühnerbouillon

Salz

Pflanzenöl

Tipp Kurz vor dem Servieren eine
Prise Pfeffer oder Basilikum dazugeben. Je nach Vorliebe können die
Gemüseeinlagen beliebig ergänzt
werden.

Zubereitung   1 Die Nudeln in 1–1 ½ l gut gesalzenem Wasser 7–8 Minuten kochen. Zeitgleich Zwiebeln, Karotten und Knoblauch fein hacken und kurz in Öl andünsten. Hackfleisch beifügen und mit Pfeffer und Bouillon abschmecken. 2 Rettich in feine längliche Scheiben schneiden und mit dem Blattspinat und den Erbsen zum Fleisch geben. 10–15 Minuten unter gelegentlichem Rühren dünsten. 3 Zu den Nudeln ins kochende Wasser geben und 5 Minuten ziehen lassen.

GANDEN NAGCHÖ (dt. «Licht im Dunkeln»), das religiöse Lichterfest, ist neben Saga Dawa das wohl bedeutendste religiöse Fest im tibetischen Buddhismus. Es soll das Wissen und die Hoffnung widerspiegeln, welche uns Buddha durch seine Lehren und seine Erleuchtung gebracht hat, und uns verdeutlichen, dass alles auf Erden vergänglich ist; jeder Zustand, ob Reichtum oder Armut, ob Glück oder Unglück, nichts hat Bestand. Zu diesem Anlass werden in sämtlichen Häusern und Klöstern die traditionellen Butterlampen angezündet: Kleine Kelche werden mit Wachs oder Öl gefüllt und anschliessend mit einer Schnur entfacht. Je mehr Lampen entzündet werden, desto besser sei es um das Wohl aller Menschen bestellt, so heisst es im Buddhismus. Das Licht der Lampen weist uns den Weg durch das Dunkel im irdischen Leben.

Die religiösen Festlichkeiten dauern jeweils zwei Tage vom 8. Tag des 12. Monats (gemäss der westlichen Zeitrechnung im Dezember), an denen auch eine Puja, eine Art religiöser Altar, aufgestellt wird. Dort werden zeremoniell kleine Opfergaben dargebracht, Räucherstäbchen entzündet sowie die Butterlampen platziert. Anschliessend begibt sich die Mönchsgemeinschaft der Region auf eine kleine Lichterprozession, vorzugsweise in der Dämmerung, damit das Licht der Lampen seine symbolische Wirkung entfalten kann.

Der Ursprung dieses Festes ist tief in der buddhistischen Lehre verankert. Es ist ein Fest der Bodhisattvas («bodhi» = Wesen, «sattva» = Erleuchtung). Bodhisattvas sind künftige Buddhas, die aus Mitgefühl mit den Menschen zeitweise auf die Erlangung der Erleuchtung und somit auf den Übergang ins Nirwana verzichten, um ihnen zu helfen. Es sind heilstiftende, himmlische Wesen, die kultische Verehrung geniessen und in allen Nöten angerufen werden.

Es begab sich nun zu einer Zeit, dass einer dieser Bodhisattvas, der kurz vor seiner Erleuchtung stand, als Bettler getarnt an einer fremden Haustür um ein wenig Nahrung und zu trinken bat, um das Mitgefühl der Menschen auf die Probe zu stellen. Die Leute teilten das Wenige, was sie besassen mit ihm: Nudelsuppe mit etwas Fleisch und Gemüse, Shagi-Tse Thugba. Um dieser Geste des Mitgefühls zu gedenken, bereitet man zum Anlass des Lichterfestes dieses einfache Gericht zu und lädt Bekannte und Verwandte, aber auch Fremde zum Essen ein, denn wer weiss? Es könnte wieder einer der Bodhisattvas sein, der auf Erden wandelt.

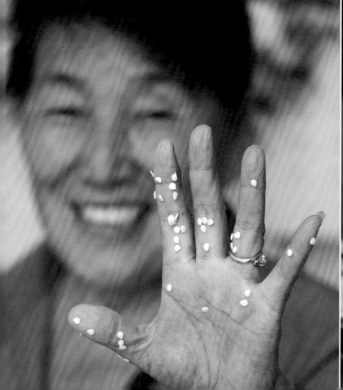

✟ Christentum

«Vater, segne diese Speise, uns zur Kraft und dir zum Preise, Amen.» Tischgebet

Warum bloss Fisch – oder Fasten auf Christlich

VON VERONIKA JEHLE UND MATTHIAS WENK

Weihnachten verbinde ich, die Autorin dieses Textes, kulinarisch mit Fisch. Schon am Tag vor dem Heiligen Abend waren meine Eltern in der Küche emsig damit beschäftigt, die sogenannte «Engerlsuppe» zuzubereiten – in der wienerischen Verniedlichungsform nach den Engeln benannt, die zu Weihnachten in jedem Haushalt unterwegs sind. Dabei handelt es sich um eine Fischbeuschelsuppe, eine Suppe aus den Innereien des Fisches also, nach den himmlischen Wesen benannt, um sie uns Kindern schmackhafter zu machen. Aus Familientradition essen wir diese Suppe jedes Jahr. Bis heute. Und als Hauptspeise gebackenen Karpfen. Heute liebe ich beides. Aber lange fragte ich mich: Warum bloss Fisch?

«ἰχθύς» (ichthys), das griechische Wort für Fisch, ist ein christliches Glaubensbekenntnis in Kurzfassung. Die einzelnen Buchstaben stehen für: **I**ēsous (Jesus), **Ch**ristós (Christus, Gesalbter), **The**oú (Gottes), **H**yiós (Sohn), **S**ōtér (Retter).

Spätestens seit den Christenverfolgungen wurde der Fisch zum geheimen Erkennungszeichen der frühen Kirche. Wo man das Symbol sah, wussten die Eingeweihten einen Treffpunkt der Christen zur gemeinsamen Mahlfeier – bei der wiederum der Fisch als Nahrungsmittel keine zentrale Rolle spielte.

Jesus hatte dem Fisch keine symbolische Bedeutung beigemessen, ihn aber wohl gegessen und zuzubereiten gewusst: Man denke an die wunderbare Vermehrung von Brot und Fischen (z.B. in Mt. 14,15) oder an Jesus, der den herannahenden Jüngern über dem Feuer einen Fisch zubereitet (Joh. 21,9). Gerne verwendet Jesus auch das Bild vom Fischen: «Ab jetzt wirst du Menschen fischen», erklärt er Petrus in Lk. 5,10 seine neue Aufgabe. So hat der Fisch zwar keinen Platz in der Liturgie, im gottesdienstlichen Feiern der Christen, gefunden, wohl aber eine Rolle in der Tradition bekommen: als spezielles Fastengericht. Am Heiligen Abend (24. Dezember), der als Vorabend des Weihnachtstages noch zur Adventszeit und damit zu einer Fastenzeit gehört, kommt vielerorts Karpfen auf den Teller.

«Tut dies zu meinem Gedächtnis» (1 Kor. 11,25), erinnert euch an mich, indem ihr miteinander Brot brecht und Wein teilt. So trägt es Jesus seinen engsten Freunden beim letzten Abendmahl auf. Auf geheimnisvolle Weise stehen Brot und Wein für das, was kurz nach diesem Mahl an Jesus geschehen wird: Er stirbt und steht zu neuem Leben auf. Brot, neu erstanden aus aufgeriebenen, zerbrochenen Weizenkörnern. Wein, gekeltert aus aufgebrochenen, zerriebenen Trauben. Symbolisch stehen Brot und Wein für den Weg durch den Tod zum Leben, durch die Sklaverei zur Freiheit. Nicht zufällig greift Jesus hier auf, woran an der jüdischen Pessachfeier dieses Abends des letzten Abendmahls auch mit dem Teilen des ungesäuerten Brotes und des Weines erinnert wird. «Das sind mein Leib und mein Blut, die für euch hingegeben werden» (Lk. 22,19), sagt Jesus, und identifiziert sich ganz und gar mit Brot und Wein. Nicht nur Symbole also, sondern die Gegenwart Gottes erkennen wir in dieser Nahrung. Essend und trinkend dürfen wir verkosten, dass Gott selbst für uns Nahrung ist, ganz konkret und real: für Körper, Geist und Seele. «Der Mensch lebt nicht vom Brot allein, sondern von jedem Wort, das aus Gottes Mund kommt» (Mt. 4,4), sagt Jesus an einer anderen Stelle. So werden neben dem Essen und Trinken auch das Konsumieren der Worte Gottes und das Erleben der zwischenmenschlichen Gemeinschaft zur göttlichen Gegenwart und damit zur Nahrung. Gemeinsame Nahrungsaufnahme, Mahlhalten und den Menschen ganzheitlich stärken, das sind Inhalt und Sinn der christlichen Feierkultur. In diesem Sinn wird auch das Bild vom ewigen Festmahl im Himmel (Jes. 25,6–8) zum Synonym für das Leben bei Gott nach dem Tod. Und wie die Liturgie Alltägliches aufgreift und vertiefend deutet, so darf das gottesdienstliche Feiern wiederum ausstrahlen auf das alltägliche Leben. «Alle guten Gaben, alles was wir haben, oh Gott von Dir, wir danken Dir dafür!»

Dieses bekannte Tischgebet aus dem Grossheppacher Liederbuch von 1916 setzt in der alltäglichen Erfahrungswelt der Menschen an und bringt eine wesentliche Grundhaltung des Menschen gegenüber Gott im christlichen Verständnis zum Ausdruck: Dankbarkeit. Und wo anders als bei der Nahrungsaufnahme tritt dies deutlicher zutage? Besonders beim Mittagessen wird traditionell ein Tischgebet gesprochen, bevor gemeinsam oder alleine gegessen wird. Darin kommt zum Ausdruck, dass wir Menschen unser Sein und Überleben Gott verdanken. Und es wird die Ehrfurcht gegenüber Gott und seiner Schöpfung verdeutlicht, aber gleichzeitig auch unterstrichen, dass der Mensch nicht alles aus sich selbst heraus bewirken kann.

Die Nahrungsaufnahme kann also rituell begonnen werden. Ganz grundsätzlich begleiten Rituale Übergänge im Leben und helfen den Menschen bei der Lebens- und Schicksalsbewältigung. Rituale strukturieren das Leben und verdeutlichen dessen Essenz. So kennt das Christentum in seinen diversen Ausprägungen viele Bräuche, die eng mit bestimmten Nahrungsmitteln verknüpft sind. Zu einigen Kirchenfesten oder Gedenktagen von Heiligen gibt es besondere Speisen und Segnungen. Eine der bekanntesten ist der Dreikönigskuchen am Festtag «Erscheinung des Herrn» (6. Januar).

Der Finder einer kleinen Königsfigur, Mandel oder Bohne, die in einen Hefekranz eingebacken ist, wird einen Tag lang zu einem König – so wie es den Menschen auszeichnet, der in dem kleinen Kind in der Krippe den verborgenen Gott zu entdecken vermag.

Auch Brotsegnungen sind üblich, zum Beispiel am Gedenktag der heiligen Märtyrerin Agatha (5. Februar). Brot steht als Inbegriff für alles, was wir zum Leben brauchen. In diesem Sinn werden Speisen im Allgemeinen gesegnet: die Erntegaben Anfang Oktober – eine Gesamtschau dessen, was die Erde an Gemüse und Früchten sowie deren Weiterverarbeitung durch die Menschen hervorbringt – ebenso wie die Weihe von Brot, Fleisch und Eiern an Ostern, mit denen im Anschluss an die Feier der Osternacht das Fasten gebrochen wird.

So paradox es klingen mag, das Fasten hat etwas mit dem Essen zu tun. Oder besser gesagt mit dem bewussten Verzicht darauf. Fast alle Religionen kennen das Fasten als Gestaltungselement des spirituellen Lebens. Die verminderte Nahrungsaufnahme bis hin zum Verzicht auf Nahrung soll der geistigen Vertiefung und Konzentration dienen und so auf besondere Kirchenfeste vorbereiten. Es hilft, die Wahrnehmungsfähigkeit, Achtsamkeit und Demut zu fördern und dabei, in sich zu gehen, um das eigene Leben zu reflektieren. Der katholische wie auch der orthodoxe Jahreskreis kennen zwei Zeiten, in denen gefastet werden soll: den Advent (Dezember) und die österliche Busszeit (März/April). Diese Fastenzeiten bereiten die Gläubigen auf die wichtigsten Hochfeste Weihnachten und Ostern vor. Der gläubige Christ versucht dabei, sich selbst zu hinterfragen und sich einen individuellen Vorsatz für die Fastenzeit zu nehmen, um so das rechte Mass für sein Leben wiederzufinden. Der bewusste Verzicht dient der Busse und soll auch ein wenig «wehtun». Der erste Schluck Wein nach der Feier der Osternacht schmeckt wunderbar und wird gerade durch das Fasten zu einem wirklichen Genuss. In der alten Kirche galt der Verzicht auf Fleisch als ein Charakteristikum der Fastenzeit, wobei Fisch nicht als Fleisch verstanden wurde, da diese Kaltblüter sind. Typisch katholisch sind eben auch die Schlupflöcher: So ass man in den Klöstern an Abstinenztagen Biber («fleischlos»), da dieser vornehmlich im Wasser lebt. Und auch das Bier fiel nicht unter das Fastengebot, weil die strengen Orden in der Fastenzeit nur auf die Konsumation fester Nahrung verzichteten. So braute man kalorienhaltige Starkbiere für die Fastenzeit, um auf diesem Weg eine «gesunde» Ernährung zu gewährleisten.

Und der Karpfen an Heiligabend? Weihnachten und Ostern beginnen in der Nacht. Der Heilige Abend ist der Vorabend von Weihnachten und gehört damit noch in den Advent – und Fisch ist eine typische Fastenspeise. So köstlich fasten Christinnen und Christen!

Suppe mit Favabohnensprossen zum koptischen Osterfest

Ful Nabed

Art Suppe, vegan/koscher/halal

Zeitaufwand ca. 2 Stunden
(+4 Tage für die Vorbereitung
der Bohnensprossen)

Zutaten für 6 Personen

2 Tassen getrocknete Favabohnen
(auch als Acker- oder Saubohnen
bekannt)

3 Zwiebeln

2 Karotten

3 Knoblauchzehen

2 Lorbeerblätter

1 ½ TL Kreuzkümmel, gemahlen

4 Tomaten

5 dl Gemüsebouillon

Salz

Olivenöl

Schwarzer Pfeffer

2 TL Paprika, edelsüss

1 TL Cayennepfeffer

½ Bund Petersilie

3 EL Zitronensaft

Frische Minzeblätter zum Garnieren

Zubereitung 1 Die getrockneten Bohnen über Nacht in Wasser einweichen und am nächsten Tag in ein feuchtes Tuch wickeln. Das Tuch wird während mindestens 3 Tagen feucht gehalten, um das Spriessen der Bohnen zu ermöglichen. Diese Zeitspanne erinnert an die Auferstehung Jesu am dritten Tag nach seiner Kreuzigung. Mit zunehmender Keimdauer verstärkt sich der nussige Geschmack. Die Bohnen können bis zu 6 Tage ausgekeimt werden. Wichtig ist, dass die Bohnen täglich gewaschen und in ein frisches nasses Tuch gewickelt werden. 2 Die gekeimten Bohnen waschen und mit drei Vierteln der gehackten Zwiebeln etwa 30 Minuten in leicht gesalzenem Wasser weich kochen. 3 Bohnenwasser abgiessen und 3 Tassen davon zurückbehalten. Die Bohnen abkühlen lassen und danach schälen. 4 Den Rest der gehackten Zwiebeln in etwas Olivenöl glasig dünsten und mit gepresstem Knoblauch, fein gewürfelten Karotten, Lorbeerblättern und Kreuzkümmel bei mittlerer Hitze etwa 5 Minuten anbraten. 5 Die Tomaten häuten, würfeln und dazugeben. 10 Minuten köcheln lassen. 6 Gemüsebouillon und das zurückbehaltene Bohnenwasser dazugiessen und die Suppe mit Paprika und Cayennepfeffer würzen. Weiterkochen, bis die Karotten die gewünschte Konsistenz haben. 7 Geschälte Bohnen, fein gehackte Petersilie und Zitronensaft dazugeben und kurz aufkochen. Mit Pfeffer und Salz abschmecken. 8 Die Suppe mit Minzeblättern dekorieren und servieren.

KOPTISCHES OSTERFEST An Ostern gedenken Christen der letzten Woche im Leben Jesus Christus. Die Evangelien überliefern die Passionsgeschichte, die mit dem Einzug Jesu an Palmsonntag in Jerusalem beginnt. Jesus soll an diesem Tag jubelnd vom Volk empfangen worden sein. Zum Zeichen seines nahenden Königtums verstreuten die Leute Palmzweige. Die Erzählung gipfelt in den letzten drei Tagen im Leben Jesus Christus. An Gründonnerstag gedenken Christen des letzten Abendmahls Jesus mit seinen Jüngern und der Fusswaschung. Danach berichtet die Passionsgeschich-

te vom Verrat Jesu durch Judas Ischariot und der Verurteilung durch Pontius Pilatus. Am Karfreitag endete das Leben Jesu mit dem Kreuzestod am Berg Golgatha. Im Anschluss feiern die Christen die Auferstehung Jesus von den Toten an Ostersonntag, somit der wichtigste Feiertag der christlichen Kirchen. Er markiert das Ende der 55-tägigen Fastenzeit und stellt den Beginn des Osterfestes dar.

Da sich die Passionsgeschichte während des jüdischen Pessachfestes entfaltet, finden sich einige Gemeinsamkeiten in der Symbolik beider religiöser Feste.

So erinnern das christliche Osterlamm an die im Tempel von Jerusalem dargebrachten Pessachopfer und die Eucharistie, die feierliche Wiederholung des letzten Abendmahls, an den jüdischen Sederabend (siehe S. 141). Ostern ist ein beweglicher Feiertag und fällt in der koptisch-orthodoxen Kirche üblicherweise auf den zweiten Sonntag nach dem Frühlingsvollmond.

Eine ganz besondere Speise wird am Ende der koptischen Fastenzeit eingenommen: Ful Nabed, Bohnensprossen. Bohnen (arab. «ful») erfreuen sich in ganz Ägypten grosser Beliebtheit und gelten als heimliches Nationalgericht.

Das besondere an Ful Nabed ist, dass es mit gekeimten Bohnen, also mit Bohnensprossen, zubereitet wird. Das Auskeimen verleiht der Speise einen nussigen Geschmack. Die Sprossen sind eine Allegorie der Auferstehung Jesus Christus von den Toten. Die getrockneten Bohnen symbolisieren das Grab, der Keim steht für Jesus, der der Gruft entsteigt und aufersteht. So gedenken die Kopten der Leidensgeschichte Jesu und erneuern ihren Glauben im Wunsch nach Auferstehung.

Couscousteigtaschen zur syrisch-orthodoxen Osterfeier

Kittl

Art Hauptgericht, koscher/halal

Zeitaufwand 2–3 Stunden
(+ Ruhenlassen über Nacht)

Zutaten für 4 Personen oder
etwa 25 Teigtaschen

Teig

450 ml Girsch, mittlere Mahlstufe
(Messbecher)

350 ml Feinbulgur (Messbecher)

1 TL Korianderfrüchte, gemahlen

2 TL Salz

Füllung

250 g gehacktes Rindfleisch

100 g passierte Tomaten

1 EL Tomatenpüree

250 g Zwiebeln

1 Bund Petersilie

Olivenöl

Salz

Pfeffer

Paprika, edelsüss

Fleischgewürz

Pul Biber

Evtl. 1 Ei

Einkaufstipp Pul Biber (scharfes Chilipulver), Girsch (Couscous mittlerer Mahlstufe, türk. Bakliyat Bulgur) und Feinbulgur (türk. Köftelik Bulgur) sind in gut sortierten türkischen Lebensmittelläden erhältlich, z.B. bei Fermo Market, Wehntalerstrasse 530, 8046 Zürich. Gemahlene Korianderfrüchte sind in indischen Lebensmittelläden erhältlich, z.B. bei Aggarwal, Kernstrasse 27, 8004 Zürich.

Zubereitung Teig 1 Girsch und Feinbulgur in einem Messbecher abmessen und mit Korianderfrüchten und Salz in eine Schüssel geben. Unter stetigem Rühren kaltes Wasser dazugeben (ca. 8 dl), bis das Couscous gut knetbar ist. Den Teig über Nacht ruhen lassen. 2 Am nächsten Tag die Konsistenz prüfen: Der Teig sollte leicht klebrig sein. Bei Bedarf etwas Wasser nachgiessen.

Zubereitung Füllung 3 Hackfleisch in Olivenöl gut anbraten. Mit Paprika, Fleischgewürz und Pul Biber würzen und auf mittlerer Stufe weiterbraten, bis das Fleisch nicht mehr rosa ist. 4 Tomatenpüree und passierte Tomaten dazugeben und mit Salz und Pfeffer abschmecken. 5 Nach 10 Minuten die fein gehackten Zwiebeln dazugeben und weiterkochen, bis die Füllung dickflüssig ist. 6 Pfanne vom Herd nehmen und die fein gehackte Petersilie unter die Fleischfüllung mischen. Abkühlen lassen.

Formen 7 Eine kleine Schale mit kaltem Wasser füllen und etwas Salz hineingeben. Die Hände mit dem Salzwasser befeuchten, damit die Teigtaschen leichter geformt werden können. 8 Aus dem Teig mittelgrosse Bällchen formen (3–4 cm Durchmesser). Den Zeigefinger in den Teigball stecken und den Rand der Teigkugel mit Daumen und Zeigefinger zusammendrücken. Durch Drehen der Kugel entsteht ein gleichmässig dünner Rand. Sobald die Öffnung genug ausgeweitet ist, können zwei Finger zu Hilfe genommen und die Teigkugel gegen die Handinnenfläche der freien Hand gedrückt werden. 9 Das Resultat ist ein Teighütchen, in das 1–2 EL Hackfleischfüllung gegeben werden. Die Hütchen durch Zusammendrücken des Randes schliessen.

Kochen 10 Die Kittl ca. 3 Minuten in kochendes Salzwasser geben, bis sie an die Wasseroberfläche treiben. Mit einer Schaumkelle herausnehmen und abtropfen lassen. 11 Die Teigtaschen können nun direkt verzehrt oder mit Ei angebraten werden: Dazu ein Ei in eine Schale schlagen, verquirlen und mit Salz und scharfem Paprika würzen. Die gekochten Kittl in der Eimasse wenden und in Olivenöl kurz anbraten. Mit frischem Gemüse oder Salat servieren.

SYRISCH-ORTHODOXES OSTERFEST In der Fastenzeit vor Ostern werden nach syrisch-orthodoxer Tradition Fäden aus Wolle gesponnen, die Barsembar genannt werden. Es werden zwei unterschiedliche Fäden hergestellt; ein roter, welcher die Menschheit repräsentiert, und ein weisser, der für das Göttliche steht. Die beiden Fäden werden zusammengeflochten und einen Tag unter freiem Himmel liegen gelassen. Dieser Brauch symbolisiert die Einheit der menschlichen und der göttlichen Seite Jesus Christus. Die geflochtenen Fäden werden unter den Familienmitgliedern verteilt und während der Osterzeit an Hals oder Handgelenk getragen.

Nach syrisch-orthodoxem Ritus finden während der Passionswoche (Sabet el Hasch) von Montag bis Donnerstag jeden Abend Gottesdienste statt. Zur Erinnerung an den Leidensweg Jesus Christus und als Ausdruck der Trauer über seinen Tod am Kreuz tragen Priester und Gemeinde schwarze oder dunkle Kleidung. Auch die Gebete sind von der Last der qualvollen Geschehnisse nicht ausgenommen und werden in einem traurigen Tonfall vorgetragen.

Am Gründonnerstag wäscht der Priester die Füsse von zwölf Anwesenden, die idealerweise die Namen der Apostel tragen, so wie es Jesus während des letzten Abendmahls tat. An Karfreitag, am Gedenktag der Kreuzigung Jesus Christus, wird ein Kreuz in schwarze Tücher gehüllt und durch die Kirche getragen. Dieses Ritual ist an den Kreuzweg angelehnt, den Weg, den Jesus mit dem Kreuz auf dem Rücken bis zum Berg Golgatha zurücklegen musste. Am Ende des Gottesdienstes schreiten alle Gläubigen unter dem verhüllten Kreuz durch und trinken einen Schluck bitteres Wasser. Sie gedenken dabei der Überlieferung, wonach Jesus am Kreuz hängend und dürstend um Wasser flehte und daraufhin mit Essig getränkt wurde. Das verhüllte Kreuz wird als Symbol des verstorbenen Jesus in einen Sarg gelegt und in der Kirche aufbewahrt. Der Auferstehung Jesus von den Toten wird an Ostersonntag gedacht, wobei das Kreuz aus dem Sarg genommen und der dunklen Tücher entledigt wird, um zum Zeichen der Freude mit hellen Tüchern versehen zu werden. Das geschmückte Kreuz wird in einer feierlichen Prozession durch die Kirche getragen. Kinder mit brennenden Kerzen folgen dem Umzug.

Jene Gläubigen, die die Regeln der österlichen Fastenzeit befolgt haben, knien danach mit bedeckten Häuptern nieder und erhalten vom Priester ein Stück gesegnetes Weissbrot als Zeichen dafür, dass ihr Fasten angenommen wurde.

Nach der dreistündigen Messe kehren die Gläubigen in ihre Häuser zurück, wo sie im Familienkreis ein festliches Essen zu sich nehmen.

Jene, die gefastet haben, erhalten vor dem eigentlichen Mahl eine Portion Milchreis, um den Magen auf die Einnahme der schwereren Speisen vorzubereiten. Da die Fastenzeit nun beendet ist, darf wieder nach Herzenslust gegessen werden, insbesondere der Verzehr von Fleisch ist wieder erlaubt.

Kein Wunder, kommen zum Osterfest nur die besten Gerichte auf den Tisch. Eine besondere Spezialität, die sich an Ostersonntag grosser Beliebtheit erfreut, ist Kittl (syrisch) oder Kutle (aramäisch). Es handelt sich dabei um Teigtaschen mit Hackfleischfüllung, die aus Couscousteig geformt werden. Dazu serviert man frisches Gemüse, Salat oder eine Suppe.

Zu Ostern
Walisischer Lammbraten

Art Hauptgericht, koscher (wenn mit Margarine statt Butter) / halal

Zeitaufwand ca. 2½ Stunden

Zutaten für 6 Personen

1 kg Lammbraten

Frischer Rosmarin

25 g Butter

2 EL Honig (Blüten-, Thymian- oder Lavendelhonig)

2–3 dl Cider (Apfelwein)

Salz

Schwarzer Pfeffer

Zubereitung 1 Backofen auf 200°C vorheizen. Den Lammbraten mit Pfeffer und Salz würzen. Mit einem scharfen Messer ca. 5 mm tiefe Schnitte in den Braten ritzen und diese mit frischem Rosmarin füllen. Den Lammbraten in einer Bratpfanne auf allen Seiten gut anbraten, damit sich die Schnitte schliessen. 2 Für die Marinade Butter in einer kleinen Pfanne zerlassen. Honig, Rosmarinnadeln und 1 EL Cider dazugeben, auf kleiner Stufe kurz erwärmen und gut vermischen. 3 Den Lammbraten mit der Marinade bepinseln und in eine verschliessbare Bratenform legen. Mit 1–2 dl Apfelwein begiessen und etwa 30 Minuten zugedeckt bei 190°C im Ofen garen. Danach den Deckel abnehmen und etwa 20 Minuten weitergaren. Bei Bedarf kleine Mengen Cider zugeben, damit der Bratenfond nicht austrocknet. 4 Sobald das Fleisch die gewünschte Garstufe erreicht hat, der Bratenform entnehmen und kurz warm stellen. Die in der Form zurückgebliebene Bratensauce mit etwas Apfelwein verdünnen und in einer kleinen Pfanne einkochen, bis die gewünschte Konsistenz erreicht ist. 5 Die Bratensauce mit Pfeffer und Salz abschmecken und über den in Scheiben geschnittenen Lammbraten giessen. Der walisische Lammbraten wird mit Kartoffelpüree und saisonalem Gemüse serviert. **Vor dem Essen wünscht man sich einen guten Appetit und frohe Ostern: «pasg hapus!»**

DAS LAMM GOTTES Der Palmsonntag ist der letzte Sonntag vor Ostern und leitet die Karwoche ein. An diesem Tag wird in Wales auf besondere Art und Weise der Verstorbenen gedacht. Der Tag ist auch als Sonntag der Blumen oder Sul y Blodau bekannt. Die Familien begeben sich zu den Gräbern ihrer Angehörigen, um sie von Moos und Laub zu befreien, die Steinplatten zu reinigen und mit Blumen zu schmücken. An diesem Tag finden unter dem Namen Gymansa Ganu vielerorts Gesangswettbewerbe statt: Kirchenchöre singen um die Wette und um die Gunst des Publikums. Am Karfreitag (dydd gwener y groglith) wurden früher im Südwesten von Wales weder Autos noch Menschen auf der Strasse gesichtet, jegliche Geschäftstätigkeit kam zum Erliegen. Weit verbreitet war auch der Brauch, an Karfreitag barfuss zur Kirche zu gehen, um die heilige Grabesruhe des an diesem Tag verstorbenen Jesus Christus nicht zu stören.

Die Auferstehung Jesus Christus wird in Wales am Ostersonntag in der Kirche zelebriert. Es finden traditionell drei Gottesdienste statt und das Ende der Fastenzeit wird mit üppigem Essen gebührend gefeiert. Am

Ostermontag (Llun y Pasg) stehen die Menschen früh-
morgens auf, um in einer gemeinsamen Prozession auf
den nächsten Hügel oder Berg zu wandern. Oben ange-
langt erwartet man freudig den Sonnenaufgang, der als
Allegorie der Auferstehung Jesus von den Toten gewer-
tet wird.

Das Lamm spielt eine wichtige Rolle in der religiösen Symbolik des Christentums. Es steht für Reinheit
und Unschuld; daher auch die Bezeichnung Unschulds-
lamm. Das Lamm Gottes (Agnus Dei) findet schon im
Alten Testament Erwähnung. Dort steht es für das Pessachopfer: das geopferte Lamm, dessen Blut vor dem
Auszug aus Ägypten von den Israeliten an die Türrah-
men ihrer Häuser gestrichen wurde, damit der von Gott
entsandte Todesengel ihre Häuser von den Häusern der
Heiden unterscheiden konnte. Im Neuen Testament,
insbesondere in der Offenbarung des Johannes, wird
das Lamm Gottes mit Jesus Christus gleichgesetzt. Je-
ner, der als Sohn Gottes frei von jeder Schuld ist, wird
in Jerusalem ans Kreuz geschlagen und stirbt. Somit hat
Jesus nach christlichem Verständnis sein Blut zur Til-
gung der Erbsünde, die seit dem Sündenfall auf den
Menschen lastet, hergegeben (Adam und Eva assen
eine Frucht vom Baum der Erkenntnis und wurden deshalb von Gott aus dem Paradies vertrieben). Diesen
Umständen verdankt das Lamm seine grosse symbolische Bedeutung, insbesondere an Ostern. Nach dem
Ende der christlichen Fastenzeit, an Ostersonntag, werden darum auch in Wales Lammgerichte zubereitet. Der
walisische Lammbraten an Honig und Apfelwein ist ein
schmackhaftes Beispiel dafür.

Entenbraten bei Hochzeiten der indischen Thomaschristen

Tharavu Roast

Art Hauptgericht, koscher/halal

Zeitaufwand ca. 1½ Stunden

Zutaten für 6 Personen

1 Ente (in 12 Stücke geschnitten)

3 EL frischer Ingwer

12 Knoblauchzehen

12 Curryblätter

3 EL Essig

2 EL Salz

1½ dl Kokosöl

4 grosse Zwiebeln

6 Kardamomschoten

5 Gewürznelken

½ TL Anissamen

1 Zimtstange

Garam Masala, Kurkuma und
   Chilipulver

Einkaufstipp Kardamomschoten und Anissamen sind im Reformhaus oder in indischen Lebensmittelgeschäften erhältlich, z.B. bei Aggarwal, Kernstrasse 27, 8004 Zürich.

Zubereitung 1 Die Kardamomschoten, Gewürznelken, Anissamen und die Zimtstange in einer trockenen Pfanne kurz erwärmen. Danach in einem Mörser zu Pulver mahlen (falls Sie über keinen Gewürzmörser verfügen, können die Gewürze auch in Pulverform gekauft und kurz erwärmt werden). 2 Die Entenstücke in eine grosse Pfanne oder einen Schmortopf geben und mit dem Gewürzpulver bestreuen. Fein geschnittenen Ingwer, in Scheibchen geschnittenen Knoblauch, Curryblätter, Essig und Salz dazugeben und mit Wasser übergiessen, bis alles bedeckt ist (je nach Topf ca. 1–1½ l). Die Entenstücke halb zugedeckt 20 Minuten bei mittlerer Hitze garen. 3 Den Deckel entfernen und mindestens 20 Minuten weiterkochen, bis die Ente zart und die Flüssigkeit auf etwa 2–3 Kaffeetassen einreduziert ist. Fleisch aus der Pfanne nehmen, die Bratensauce jedoch behalten. 4 Kokosöl in einer grossen Bratpfanne erhitzen und die fein gehackten Zwiebeln darin goldbraun braten. Zwiebeln herausnehmen und beiseitestellen. 5 Garam Masala, Kurkuma und Chilipulver in derselben Pfanne kurz erhitzen und die Entenstücke 4–5 Minuten darin braten. Fleisch herausnehmen und warm stellen. 6 Die Bratensauce langsam in die Bratpfanne giessen und aufkochen, bis die Sauce ausreichend eingedickt ist. Danach die Entenstücke und die gebratenen Zwiebeln wieder in die Pfanne geben und 5 Minuten köcheln. Den Entenbraten mit Bratkartoffeln servieren.

HOCHZEIT Die Ehe ist bei Thomaschristen traditionsgemäss eine arrangierte Institution, jedoch nicht ausschliesslich. Für junge Menschen im heiratsfähigen Alter übernimmt in der Regel die Familie die Suche nach einem passenden Partner. Wird die Familie fündig, so trifft sich das künftige Paar zu einer formellen Begegnung in Anwesenheit beider Familien. Sobald die Mitgift ausgehandelt ist und das Brautpaar der Vermählung zugestimmt hat, steht einer Verlobung nichts mehr im Weg. Dabei versichern sich die beiden Familien gegenseitig, die Hochzeit und das Entrichten der

Aussteuer einzuhalten und vereinbaren ein Hochzeitsdatum.

Früher wurde am Vorabend der Hochzeit ein zeremonielles Bad durchgeführt und die Braut mit Henna geschmückt, heutzutage verschwinden diese Bräuche jedoch langsam. Am Tag der Hochzeit wird das Brautpaar unter festlichen Gesängen mit dekorierten Autos zur Kirche begleitet, auch Feuerwerk darf hierbei nicht fehlen. Die Eheschliessung findet in der Kirche statt, wobei Braut und Bräutigam traditionell in Weiss gekleidet erscheinen. Die Braut trägt üblicherweise beson-

ders viel Goldschmuck. Nach der christlichen Zeremonie, welche vom Priester geleitet wird, bindet der
Bräutigam der Braut als Zeichen der Eheschliessung
den Thaali um, eine Goldkette, die von allen verheira-
teten indischen Frauen getragen wird. Diese Tradition
ist dem hinduistischen Hochzeitsritual entlehnt. Weiter
überreicht der Bräutigam der Braut den Manthrakodi,
den Brautsari, der später von der Ehefrau getragen wird.
Beide Geschenke werden vom Priester gesegnet. Nach
dem Ritual unterzeichnen das Brautpaar und die anwesenden Trauzeugen den Hochzeitsvertrag. Nach der
kirchlichen Zeremonie begibt sich das Brautpaar zur
Hochzeitsfeier, wo Geschenke überreicht werden und
viel gesungen wird. Beim anschliessenden Festessen
kommen für die geladenen Gäste nur ganz besonders
delikate Gerichte auf den Tisch. Eine köstliche Delikatesse ist typisch für die christliche Küche Keralas: der
Entenbraten oder Tharavu Roast.

Die Küche der christlichen Einwohner Keralas
verbindet auf raffinierte Art und Weise alte in-
dische Kochkunst mit der Küche der europäischen Kolonialmächte, die ihre Spuren in den
regionalen Kochbüchern hinterlassen haben.

Der Entenbraten oder Tharavu Roast ist ein gutes
Beispiel für diese Eigenheit der Küche Keralas. Dieses
Gericht wird nur an besonderen Feiertagen oder als
Hochzeitsessen zubereitet. Viele in ländlichen Gebie-
ten ansässige Thomaschristen halten ihre eigenen Enten im Wissen um die Schmackhaftigkeit dieses Gerichts.

Mexikanisches Totenbrot zu Allerheiligen
Pan de Muertos

Art Süsses Brotgebäck,
    vegetarisch mit Ei/koscher/halal

Zeitaufwand ca. 2 Stunden
    (+ Ruhenlassen über Nacht)

Zutaten für 6 Personen

500 g Weissmehl, gesiebt

10 g Trockenhefe

25 g Milchpulver

1 EL Salz

3 Eier

110 g Zucker

1 dl Milch

1 Orange, abgeriebene Schale

Orangenblüten- und Zitronenaroma

100 g Butter

75 g Margarine

Olivenöl

Puderzucker

Sesamsamen

Zubereitung   1 Am Vorabend den Vorteig zubereiten: 150 g Weissmehl, 5 g Trockenhefe und 2 ½ dl Wasser zusammenfügen und über Nacht zugedeckt an einem warmen Plätzchen ruhen lassen. 2 Am nächsten Tag 5 g Trockenhefe mit 1 EL Zucker, 1 EL Weissmehl und 3 EL warmem Wasser gut vermengen. An einem warmen Ort stehen lassen. 3 350 g Mehl, Milchpulver und Salz in eine grosse Schüssel geben und in der Mitte eine kleine Vertiefung graben. 4 Eier und Zucker in eine Schale geben und mit einem Schwingbesen gut verrühren. Milch, Orangenschale und Aromen dazugeben und weiterrühren. Margarine und 75 g Butter zerlassen und zur Eimasse giessen. Danach die aufgelöste Hefe (siehe Schritt 2) vorsichtig unter die Masse rühren. 5 Die Mischung in die Mitte des Mehls giessen, sodass ein kleiner See entsteht. Mehl portionenweise in den Eiersee einarbeiten, bis eine homogene Masse entsteht. Den Vorteig vom Vorabend dazugeben und mit mit Olivenöl beträufelten Händen gut und lange kneten. 6 100 g Teig mit Frischhaltefolie zugedeckt in den Kühlschrank stellen (Teig für die Dekoration). 7 Den Rest des Teiges in eine mit Olivenöl ausgepinselte Schüssel geben und an einem warmen Ort zugedeckt ruhen lassen, bis er auf die doppelte Grösse aufgegangen ist. Erneut gut durchkneten und handballengrosse Teigkugeln formen (je ca. 50 g). Die Kugeln auf ein mit Backpapier belegtes Blech legen und 30 Minuten ruhen lassen. Genügend Abstand zwischen den Brötchen lassen. 8 Den Teig für die Dekoration aus dem Kühlschrank nehmen und daraus Verzierungen formen: 10 cm lange Teigröllchen von 1 cm Durchmesser rollen und mit den Fingern dreimal einkerben, sodass ein knochenähnliches Stück entsteht (Hueso). Zusätzlich kleine Teigkugeln von etwa 1 cm Durchmesser formen. Die Huesos werden in Form eines Kreuzes auf das mit wenig Wasser bepinselte Brot gelegt und die kleinen Teigkügelchen in die Mitte des Kreuzes gedrückt. 9 Die dekorierten Brote im vorgeheizten Ofen bei 180 °C goldbraun backen (mindestens 20 Minuten) und auskühlen lassen. 10 25 g Butter zerlassen und die Brötchen damit bestreichen. Zu guter Letzt mit Puderzucker und Sesam bestreuen.
Das Brot wird zu heisser Schokolade oder einer Tasse Kaffee serviert. Wir wünschen einen guten Appetit: «Provechito!»

DÍA DE LOS MUERTOS Die Verschmelzung altmexikanischer Riten mit dem christlichen Glauben wird am Beispiel des mexikanischen «Día de los Muertos» evident. An diesem Feiertag, bei uns als Allerheiligen bekannt, gedenken Mexikaner wie auch alle anderen Katholiken ihrer Verstorbenen. Augenfällig für den europäischen Betrachter ist der lockere Umgang der Mexikaner mit dem Tod, einer bei uns eher tabuisierten Thematik. Hier spielt das aztekische Erbe eine zentrale Rolle, feierte man doch schon lange vor der Ankunft der Spanier ein Fest im Andenken an die Toten.

Diese alte Feier wurde in den neuen Glauben integriert, was insbesondere darum praktikabel war, weil die Auffassung über ein Leben nach dem Tod beiden Religionen gemeinsam war. So glauben Mexikaner, dass die Toten am Ende der Erntezeit für einen Tag auf die Erde zurückkehren, um mit den Hinterbliebenen zu feiern. An diesem Tag ziehen die Familien in fröhlichen Prozessionen zum Friedhof und streuen Blumen aus, damit die Toten den Weg zu ihnen nach Hause finden. Auf dem Friedhof werden Anekdoten aus dem Leben der Verstorbenen erzählt; man erhofft sich davon, die See-

len zu einem Besuch in der heiteren familiären Atmosphäre bewegen zu können. Zu Hause wird ein Totenaltar aufgebaut und mit Kreuzen und Bildern der Madonna von Guadalupe und der Verstorbenen verziert.

Auf diesem «Altar de Muertos» werden die Lieblingsspeisen der Verstorbenen platziert, damit sich deren Seelen nach ihrer beschwerlichen Reise aus dem Totenreich stärken können.

Was natürlich nicht bedeutet, dass die Speisen lediglich den Toten vorbehalten wären. Der Altar umfasst je nach Region zwei bis sieben Stufen, die Himmel und Erde und mehrere Zwischenwelten symbolisieren. Auf dem Altar finden sich auch aromatische Kräuterinfusionen oder Weihrauch. Die ätherischen Düfte sollen die Seelen anlocken und segnen. Allgegenwärtig sind am «Día de los Muertos» die «calaveras», Knochengerüste aus Pappmaché oder Zucker, die zur Dekoration verwendet werden und überall zu sehen sind.

Der «Día de los Muertos» findet jährlich am 2. November statt (Allerseelen), am Vortag (Allerheiligen) wird der Seelen verstorbener Kinder gedacht («Día de los Angelitos»).

Armenische Mezze zur österlichen Fastenzeit

Topik

Art Kalte Vorspeise (Mezze),
vegan/koscher/halal

Zeitaufwand 3 Stunden
(+ Einweichen über Nacht)

Zutaten für 6 Personen

250 g getrocknete Kichererbsen

6–7 Zwiebeln

2 grosse Kartoffeln, mehligkochend

4 EL Pinienkerne

4 EL Korinthen

7 EL Tahini (Sesampaste)

Salz

Schwarzer Pfeffer

Zimtpulver

Piment

2 EL Zucker

Zitronenscheiben

Einkaufstipp Die Sesampaste Tahini
und das Gewürz Piment (Nelkenpfeffer, türk. Yenibahar) sind in
türkischen Lebensmittelgeschäften
erhältlich, z.B. bei Fermo Market,
Wehntalerstrasse 530, 8046 Zürich.

Zubereitung **1** Kichererbsen über Nacht einweichen. Am nächsten Tag mit wenig Wasser ca. 30 Minuten im Dampfkochtopf garen. **2** Die Zwiebeln schälen, halbieren und in feine Streifen schneiden. Danach in eine Pfanne geben, mit Wasser übergiessen und kochen, bis sie weich sind. Abgiessen, jedoch etwas Kochwasser zurückbehalten. Zwiebeln auspressen. **3** Die Kartoffeln kochen, bis sie gar sind, danach schälen. Pinienkerne und Korinthen ebenfalls in eine kleine Pfanne geben, mit Wasser bedecken und bei mittlerer Hitze leicht köcheln. **4** Sobald die Kichererbsen gar sind, schälen und mit den Kartoffeln pürieren. Das Püree mit einer Prise Salz, 2 EL Tahini und 1 EL Zwiebelwasser vermischen und stehen lassen, bis es abgekühlt ist (Teig). **5** In der Zwischenzeit in einer Schale 5 EL Tahini unter die gekochten Zwiebeln rühren und die gekochten Korinthen und Pinienkerne zugeben. Mit schwarzem Pfeffer, Zimtpulver, Piment und 2 EL Zucker verfeinern (Füllung). **6** Je eine Handvoll Teig zu Bällchen formen und auf Zellophanfolie platzieren. Durch sanften Einsatz von Handballen und Fingern die Teigbällchen zu etwa 5 mm dicken Fladen pressen. Füllung grosszügig auf die Mitte der runden Fladen geben (je nach Fladengrösse 1½–2 EL). Die Teigtaschen verschliessen, indem zwei Seiten nach innen geklappt werden (Zellophanfolie anheben). Die beiden Enden nach innen klappen, um ein Auslaufen der Füllung zu verhindern. Die Rollen bleiben in Folie eingewickelt und werden so in den Kühlschrank gelegt, bis sie gut ausgekühlt sind und der Teig die Aromen der Füllung aufnehmen konnte (ca. eine Stunde). **7** Topik vorsichtig aus der Folie nehmen. Mit etwas Zimt bestreuen und mit einer Zitronenscheibe servieren. **Dazu wünscht man sich «Pari achorschag» – guten Appetit!**

FASTENZEIT Armenisch-apostolische Christen fasten an 158 Tagen im Jahr, an denen sie auf Fleisch und tierische Produkte oder auf feste Nahrung im Allgemeinen verzichten. Auch sollte man in dieser Zeit mit schlechten Angewohnheiten brechen und nicht lügen oder fluchen.

Traditionell spielt die österliche Fastenzeit eine zentrale Rolle. Sie beginnt sieben Wochen vor Ostern und endet an Ostersonntag. Die Fastenzeit erinnert an die 40 Tage, die Jesus fastend und betend in der Wüste verbrachte. Sie geht direkt in die Passionswoche über, welche mit der Auferstehung Jesus endet. Für die armenisch-apostolischen Christen ist die Fastenzeit eine Zeit des Gebets, der Umkehr von schlechtem Lebenswandel und der spirituellen Reinigung.

Aufgrund des exzessiven Fastens hat die armenische Küche eine Vielzahl an raffinierten vegetarischen Gerichten hervorgebracht. Während der Fastenzeit werden am Abend nach der Arbeit besonders nahrhafte Speisen aufgetischt. Eine davon ist Topik (zu Deutsch «Bällchen»): Kichererbsenteigtaschen, welche mit Zwiebeln, Pinienkernen und Korinthen gefüllt werden. Die in der Küche des Nahen Ostens populäre Sesampaste Tahini ergänzt das vielfältige Geschmacksbild. Topik ist ein typisch armenisches Gericht, welches als kalte Mezze oder als Hauptspeise serviert wird. Es ist bei Armeniern so beliebt, dass es sogar in Liedern und Sonetten angepriesen worden ist.

Die Zubereitung dieses ausgefallenen Gerichts erfordert etwas Zeit, die jedoch von den Köchinnen und Köchen mit der typisch armenischen Gelassenheit aufgewendet wird und Anlass gibt, über allerlei Dinge zu diskutieren und zu lachen.

Polnisches Fischgericht an Heiligabend

Karp smazony

Art Hauptgericht, koscher/halal

Zeitaufwand ca. 2 Stunden
(+1 Stunde Ruhezeit)

Zutaten für 4 Personen

1 kg ausgenommener Karpfen am
Stück oder in Glocken
geschnitten (nicht entgrätet)

2 Zwiebeln

100 g Mehl

100 g Paniermehl

Pflanzliches Öl oder Butter

Pfeffer

Salz

Rosmarin

Nelkenpfeffer

1 Lorbeerblatt

1 Zitrone zum Garnieren

Hinweis An Fastentagen verwendet
man zum Anbraten streng genommen
pflanzliches Öl anstelle von Butter,
allerdings schmeckt der Karpfen mit
Butter etwas delikater.

Tipp Eine pikante Meerrettichsau-
ce zum Karpfen serviert schmeckt
vorzüglich.

Zubereitung 1 Den Karpfen entschuppen, waschen und in durch-
gehende Glöckchen schneiden (3–4 cm breite Stücke samt Rückgrat
und Gräten). Eine Zwiebel in Ringe schneiden. 2 Die Steaks mit Pfeffer,
Salz, Rosmarin und wenig Nelkenpfeffer würzen und mit dem Lorbeerblatt und den Zwiebelringen mindestens eine Stunde zugedeckt im
Kühlschrank ruhen lassen (besser noch über Nacht). 3 Zwei Suppen-
teller bereit machen: in den einen das Weissmehl, in den anderen
das Paniermehl füllen. Fisch aus dem Kühlschrank nehmen, Zwiebeln
entfernen und die Fischstücke leicht nachwürzen. Die feuchten Stücke
in Mehl und anschliessend in Paniermehl wenden. 4 In einer Bratpfanne eine grosszügige Portion pflanzliches Öl oder Butter zerlassen
und die panierten Karpfenstücke bei mittlerer Hitze auf beiden Seiten
goldgelb braten. Danach in einer zugedeckten Form im Backofen
etwa 20 Minuten bei 150°C nachgaren. 5 Eine Zwiebel in Scheiben
schneiden und in Butter anbraten. Butterzwiebeln über die Fischstücke
geben. Traditionellerweise serviert man den Karpfen mit Zitronenscheiben dekoriert. Als Beilage werden Kartoffeln oder Sauerkraut mit
Pilzen gereicht.

HEILIGABEND Weihnachten ist nach Ostern das wichtigste und populärste christliche Fest im Jahreskreis. An Weihnachten feiern Christen auf der ganzen Welt die Geburt Jesus Christus. Gemäss der Überlieferung soll Jesus als Sohn Marias und Josefs in Bethlehem geboren worden sein. Die Geburt des christlichen Messias soll den drei Weisen im Morgenland durch einen Kometen angekündigt worden sein. Der Stern von Bethlehem führte die drei Weisen zum neugeborenen Jesuskind, welches sie mit Geschenken huldigten. Die katholischen Feierlichkeiten beginnen am 24. Dezember mit der Geburt des Messias und dauern bis zur Taufe des Herrn am ersten Sonntag nach der Geburt Jesu.

Die Zeit vor Weihnachten ist im katholischen Polen eine sehr geschäftige: Es gilt, aufwendige Speisen vorzubereiten, Verwandte zu treffen und den Verstorbenen durch Friedhofsbesuche zu gedenken. Ein erster Höhepunkt ist die Wigilia (poln. Heiliger Abend) am 24. Dezember. Das Wort «Wigilia» stammt vom Lateinischen «vigilia» ab, zu Deutsch «(Nacht-)Wache», da die Christen in Erwartung Jesu Christi wachen. In Polen wird an der Wigilia traditionell ein sehr reiches und feierliches

Abendessen eingenommen, das fleischlos zubereitet wird, da dieser Tag als Fastentag gilt. Die Wigilia ist ein Familienfest, doch es werden auch einsame und alleinstehende Menschen eingeladen, da nach polnischem Verständnis niemand Heiligabend alleine verbringen sollte. Sobald der erste Stern am Nachthimmel ausgemacht wird, setzen sich die Gäste in Sonntagskleidern erwartungsvoll an den Tisch. Das Sichten des ersten Sterns gilt der Erinnerung an den Stern von Bethlehem, der den drei Weisen die Ankunft des Messias prophezeite.

In Polen verschmelzen an Weihnachten alte vorchristliche Bräuche mit den späteren christlichen. So wird nach altslawischer Tradition ein Büschel Heu unter das Tischtuch gestreut. Früher diente das Heu als Orakel für das kommende Jahr: Zog man einen grünen Halm unter dem Tischtuch hervor, so stand ein gutes Jahr bevor, während ein brauner, trockener Halm ein schlechtes Jahr verkündete. Der Brauch wurde beibehalten und steht im christlichen Kontext für die Geburt Jesu und dessen mit Heu ausgelegte Wiege. Am polnischen Weihnachtstisch wird immer für eine Person mehr aufgedeckt und angerichtet, als tatsächlich anwesend ist. Dieser Brauch geht ebenfalls auf eine alte Tradition zurück, bei welcher der besagte Platz für die Geister verstorbener Familienmitglieder reserviert wurde. Heutzutage wird der leere Platz für einen unerwarteten Gast gedeckt, der an Weihnachten erscheinen könnte.

Vor dem Essen werden Gebete gesprochen oder Passagen aus den Evangelien nach Matthäus und Lukas gelesen, die die Geburt Jesu schildern.

Typisch polnisch ist das Teilen der Oblate am Heiligabend vor dem Essen. Die Oblate ist eine dünne, kunstvoll verzierte, waffelartige Teigplatte aus ungesäuertem Mehlteig, die im Andenken an das letzte Abendmahl gebrochen und geteilt wird.

Nach dem gemeinsamen Gebet verteilt das älteste Familienmitglied die Oblaten unter den Gästen, die sich wiederum untereinander Oblatenstücke reichen und dabei die besten Wünsche und gute Gesundheit für das herankommende neue Jahr aussprechen. Nach dem Gebet und dem Oblatenteilen wendet man sich wieder weltlicheren Dingen zu.

Früher wurden für das Weihnachtsessen zwölf Gänge zubereitet; einen Gang für jeden Apostel. Obwohl diese Tradition heutzutage weniger streng ausgelegt wird, besteht ein klassisches polnisches Weihnachtsessen aus zahlreichen Speisen, wobei der kulinarische Reigen zumeist mit mehreren Suppen eröffnet wird.

Es folgen ein oder mehrere Fischgänge, von denen einer aufgrund seiner Schmackhaftigkeit und unkomplizierten Zubereitung hier besondere Erwähnung findet.

Ein Süssgebäck zur Adventszeit

Badener Chräbeli

Art Süsses Gebäck, vegetarisch
mit Ei/koscher/halal
(wenn ohne Kirsch)

Zeitaufwand ca. 2 Stunden
(+ 10 ½ Stunden Ruhezeit)

Zutaten für 8 Personen

500 g Puderzucker, gesiebt
4 Eier, Zimmertemperatur
4 EL Anissamen
1 EL Kirsch
½ Zitrone, abgeriebene Schale
550 g Weissmehl, gesiebt

Einkaufstipp Anissamen sind im
Reformhaus erhältlich.

Zubereitung 1 Puderzucker in eine Schüssel sieben. Die Eier dazugeben und ca. 10 Minuten schaumig rühren. Anissamen, Kirsch und Zitronenschale beifügen und in die Masse einarbeiten. Danach das gesiebte Mehl in kleinen Portionen dazugeben und den Teig gut kneten. Die fertige Masse 30 Minuten zugedeckt im Kühlschrank ruhen lassen. 2 Den kühlen Teig in etwa 6 Portionen teilen und diese fingerdick ausrollen. Die Rollen in 5–6 cm lange Stücke schneiden. Verwenden Sie dazu Ihr schärfstes Küchenmesser, um die Chräbeli nicht zu deformieren. 3 Die Chräbeli viermal einschneiden und zu einem Halbmond formen. Auf ein eingefettetes Backblech legen und etwa 10 Stunden trocknen lassen. Die Trocknung ist wichtig für die Bildung der «Füsschen» an der Unterseite der Chräbeli. 4 Die gut getrockneten Chräbeli im vorgeheizten Ofen 15 Minuten bei 150 °C backen.

ADVENTSZEIT Die christliche Adventszeit umfasst die vier Sonntage vor Weihnachten und endet an Heiligabend (24. Dezember). Sie dient der Einstimmung auf die bevorstehende Weihnachtsfeier, dem Kirchenfest, an dem Christen die Geburt Jesus Christus feiern. Der Begriff Advent kommt vom Lateinischen «adventus», zu Deutsch «Ankunft». Die Christen erwarten freudig die Ankunft ihres Messias und erinnern sich, dass Jesus nach ihrer Glaubensauffassung am Tag des Jüngsten Gerichts zurückkehren wird, um über alle Menschen Gericht zu halten. An den vier Adventssonntagen werden nach evangelisch-reformierter Liturgie bestimmte Abschnitte der Evangelien gelesen, welche unter anderem den Einzug Jesus nach Jerusalem und die prophezeite Rückkehr des Herrn schildern.

Ein typisch evangelischer Brauch ist der Adventskranz, dessen vier Kerzen an den vier Adventssonntagen eine nach der anderen angezündet werden. Dieser Brauch geht auf den evangelischen Theologen Johann Hinrich Wichern zurück, der sich im 19. Jahrhundert als Erzieher verarmten Kindern annahm. Der Überlieferung nach bastelte Wichern den Adventskranz, um seinen ungeduldigen Zöglingen nicht immer wieder erklären zu müssen, wie lange es bis Heiligabend noch dauern würde.

Eine andere Tradition evangelischen Ursprungs ist der Adventskalender, der früher vor allem als Zählhilfe gebraucht wurde. Heutzutage hängt er insbesondere in der säkularen Fassung (1. bis 24. Dezember) mit 24 prall mit Schokolade gefüllten Türchen ausgestattet in Kinderzimmern rund um den Globus.

In evangelisch-reformierten Familien ist es zur Adventszeit üblich, Weihnachtsgebäck zu backen, um es danach an Freunde und Verwandte zu verschenken. Die Tradition des vorweihnachtlichen Backens wurde ausgehend von mittelalterlichen Klöstern in Europa verbreitet. Die Nonnen und Mönche stellten zur Adventszeit besonders exklusive Gebäcke her, um den Anlass gebührend zu feiern. Teure Gewürze wie Zimt, Muskatnuss und Nelken wurden aus dem fernen Orient importiert, um das spezielle Backwerk herzustellen. So entstanden nicht nur Christstollen und Lebkuchen, sondern auch Weihnachtsplätzchen (schweiz. Guetzli) unterschiedlichster Art. Die Schweiz, oder genauer die Stadt Baden im Kanton Aargau, ist der Ursprungsort einer besonderen vorweihnächtlichen Gaumenfreude: dem Badener Chräbeli. Dieses Guetzli wird aus Anisteig zubereitet, der als Alternative zum teuren Marzipan früher insbesondere von der armen Bevölkerung geschätzt wurde, weshalb er auch als «Bauernmarzipan» Bekanntheit erlangte.

Zur griechisch-orthodoxen Totentrauer

Kolliva

Art Süssspeise,
vegetarisch/koscher/halal

Zeitaufwand 2–3 Stunden

Zutaten für 6 Personen

500 g Weizenkörner, parboiled
(z. B. Ebly)

¼ Zitrone

3 grosse Zitronen- oder Orangenblätter

½ EL Salz

¼ Tasse Sesamsamen

2 Tassen Mandelblättchen

1 Tasse Rosinen

½ Tasse Pistazien, gehackt,
nicht gesalzen

1 Tasse Granatapfelkerne

½ Tasse Walnüsse, fein gehackt

4 EL Honig

3 TL Zimtpulver

½ TL Muskatnuss, gerieben

¼ Tasse Zwiebackbrösel

Puderzucker, gesiebt

Tipp Zur Zeitersparnis wird in diesem Rezept vorbehandelter (parboiled) Weizen verwendet. Das Rezept lässt sich auch mit getrockneten Weizenkörnern zubereiten. Diese müssen vor der Verwendung über Nacht eingeweicht werden und danach 2 Stunden gekocht werden. Die Kolliva wird in manchen orthodoxen Gemeinden auch mit Reis anstatt mit Weizen zubereitet.

Einkaufstipp Zitronen- oder Orangenblätter sind in asiatischen Lebensmittelläden erhältlich, z. B. bei New Asia Market, Feldstrasse 24, 8004 Zürich.

Zubereitung 1 Den vorbehandelten Weizen in ausreichend Wasser aufkochen. Orangen- oder Zitronenblätter, Zitronenschnitz und Salz dazugeben und bei gelegentlichem Umrühren etwa 20 Minuten kochen. Gegebenenfalls etwas Wasser hinzufügen. Die gekochten Weizenkörner vom Herd nehmen und abkühlen lassen. 2 In der Zwischenzeit die Sesamsamen und die Mandelblättchen goldbraun dünsten und mit den Rosinen, Pistazien, Granatapfelkernen und Walnüssen in eine Schale geben. 3 Die Weizenkörner gut abtropfen, auf einem trockenen Küchentuch ausbreiten und mit einem zweiten Küchentuch zudecken. Die Tücher mitsamt der Weizenfüllung rollen und gut ausquetschen. Die Weizenkörner danach auf einem weiteren Küchentuch eine Stunde trocknen. Die Trocknung kann bei niedriger Hitze im Backofen beschleunigt werden. 4 Die trockenen Körner mit 4 EL Honig in eine Schüssel geben. Den Inhalt der Schale mit den gerösteten Mandelblättchen dazugeben. Zimt und Muskatnuss ebenfalls hinzufügen. Die Masse gut durchkneten und in die Mitte einer grossen Servierplatte legen. Ein Blatt Backpapier darauflegen und die Masse von Hand oder mit dem Wallholz zu einem Viereck oder einem Oval flach pressen. 5 Den Kollivakuchen mit feinen Zwiebackbröseln bestreuen und mit gesiebtem Puderzucker reichlich bestäuben. Mit Mandeln, Rosinen und Granatapfelkernen dekorieren. Traditionell wird die Kolliva mit einem Kreuz verziert, welches bei einer Totentrauer mit den Initialen des Verstorbenen ergänzt wird. Die Kolliva sollte nur frisch zubereitet gegessen werden.

TOTENTRAUER Griechisch-orthodoxe Christen glauben, dass die Seele eines Verstorbenen nach dessen Tod das ewige Leben im Jenseits erwartet. Dabei sollen sich die Seele und der Körper des Toten am Tag des Jüngsten Gerichts wieder vereinigen (körperliche Auferstehung), weshalb beispielsweise Feuerbestattungen verboten sind. Die traditionellen Trauerrituale haben sich in ihrer Essenz über die Jahrhunderte erhalten und sollen den Hinterbliebenen einen festen Rahmen zur Trauerbewältigung geben. Nach dem Tod eines Familienmitglieds wird das ganze Haus gründlich gereinigt, da der Dahingeschiedene vor der Beerdigung im Wohnzimmer offen aufgebahrt wird. Familienangehörige, Freunde und Nachbarn besuchen die Trauerfamilie zu jeder Tages- und Nachtzeit und werden von ihr mit Kaffee und Süssigkeiten empfangen. Die Beerdigung erfolgt meistens an einem Wochentag oder samstags, jedoch nie am Sonntag. Sie sollte zwei bis drei Tage nach dem Ableben erfolgen; da jedoch die Anwesenheit der ganzen Familie erwünscht ist, kann auch einmal eine ganze Woche bis zur Beerdigung vergehen. Kurz vor der Bestattung wird der Tote in den Sarg gelegt und vom Priester gesegnet.

Die Trauerfeier findet bei offenem Sarg in einer Kirche statt. Der Priester hält einen Trisagion-Gottesdienst (griech. «tris» und «hagion» = dreimal heilig). Zum Schluss verabschiedet sich die Trauergemeinde mit einem Kuss von dem Toten, entweder direkt auf seine Hand oder auf ein ihm umgehängtes Kreuz. Der Sarg wird in einer Prozession auf den Friedhof getragen, wo er beigesetzt wird. Den Gästen wird ein Tütchen mit Kolliva gereicht, einer Trauerspeise, die später in Andenken an den Toten zu Hause gegessen wird. Danach werden die Gäste meistens zu einem Essen eingeladen. Die offizielle Trauerzeit dauert 40 Tage, während denen die Hinterbliebenen soziale Anlässe meiden und schwarze Kleidung tragen. Nach Ablauf dieser Zeit wird ein Gedenkgottesdienst gehalten, der ein Jahr nach dem Dahinscheiden wiederholt wird.

Die Kolliva ist eine süssliche Weizenspeise. Geschmacklich kann man sie am ehesten mit dem nordwesteuropäischen Porridge vergleichen.

Kolliva wird traditionell als Seelenspeise beim Totenmahl serviert, findet aber mitunter auch Verwendung bei anderen Feiern nach griechisch-orthodoxem Ritus, beispielsweise an Weihnachten oder zu Beginn der Fastenzeit vor Ostern.

Schon im antiken Griechenland war eine ähnliche Getreidespeise bekannt; sie wurde an Festen zur Huldigung des Dionysos, dem Gott des Weines und Rausches in der griechischen Mythologie, zubereitet. Gemäss einem historischen Bericht aus dem 12. Jahrhundert wurde Kolliva bereits unter Kaiser Julian im 4. Jahrhundert als Ritualspeise eingeführt. Im christlich-orthodoxen Griechenland wird Kolliva in vorgegebenen Zeitabständen nach dem Ableben eines Familienmitglieds als Seelenmahl eingenommen. Dabei gilt das Weizenkorn als Symbol für Tod und Auferstehung. Angelehnt ist dieses Bild an einen Bibelvers: «Wahrlich, wahrlich, ich sage euch: Wenn das Weizenkorn nicht in die Erde fällt und stirbt, bleibt es allein; wenn es aber stirbt, bringt es viel Frucht.» (Joh. 12,24) Die Kolliva ist eine spirituelle Speise und wird nach der Zubereitung durch einen Priester gesegnet, bevor sie zu Hause im Familienkreis und mit geladenen Gästen verzehrt wird. Die Kolliva muss im Sinne des Verstorbenen bis auf das letzte Korn verspeist werden.

Hinduismus

«Oh, mein lieber Krishna, Du bist so barmherzig und hast uns diese gesegnete Speise gegeben, um uns zu läutern und uns zu helfen, in Dein Reich zurückzukommen.»

Vishnuitisches Tischgebet

Nahrung ist Gott – Essen im Hinduismus

VON KRISHNA PREMARUPA DASA Kochen und Essen sind im Hinduismus wichtige Aspekte des religiösen Lebens. In den grossen Hindu-Tempeln kochen Priester wohlschmeckende Gerichte, die sie den Göttern darbringen, ehe sie die Speisen an Pilger verteilen. Auch zu Hause haben viele Hindus einen kleinen Hausaltar ihrer Lieblingsgottheit, der nicht nur Räucherstäbchen und Blumen dargebracht werden, sondern eben auch verschiedene Speisen. Der Hausaltar kann sich im Wohnzimmer, in einem separaten, speziell dafür eingerichteten Raum oder direkt in der Küche befinden. Während im Tempel fast ausschliesslich Männer als Priester tätig sind, ist es zu Hause in der Regel die Frau, die die gekochten Speisen vor dem Hausaltar darbringt. Die gesegneten Gerichte werden «Prasadam» genannt, was so viel wie «Barmherzigkeit Gottes» bedeutet:

«Essen, welches von der höchsten Persönlichkeit Gottes akzeptiert wurde, ist wie Vishnu (Gott) selber. Wer Befreiung aus dem Kreislauf von Geburt und Tod anstrebt, sollte diese geweihte Nahrung sofort annehmen, denn diese Speisen vernichten alle Sünden!»
Vishnu-Purana

Auch in den alten Schriften des Ayurveda, der traditionellen indischen Heilkunst, findet man Aussagen über den wichtigen Stellenwert von bewusster Ernährung:

«Die Nahrung ist der vitale Atem aller Lebewesen. Ausstrahlung, Klarheit, Erfüllung, Kraft und Intellekt hängen alle von ihr ab.»
Caraka-Samhita

Nicht nur die Auswahl der Nahrungsmittel, sondern auch das Bewusstsein während des Kochens und Essens nimmt eine wichtige Rolle ein. Jede Mahlzeit soll mit grosser Dankbarkeit für Gottes Gaben zubereitet und in Liebe und Achtsamkeit eingenommen werden. Dazu gehören auch die innere Sammlung und das Gebet:

«Lasst uns zusammen lernen, lasst uns zusammen die Speisen geniessen, mögen wir zusammen gekräftigt werden, möge unser Geist erstrahlen und mögen wir uns nicht im Streit ergehen. Om, Friede, Friede, Friede.»
Bhojan Mantra

Im Hinduismus wurzelt die Gastfreundschaft im Glauben, dass ein Besucher mit demselben Respekt zu behandeln sei wie ein Gott: «Atithi devo bhava» – ein Gast ist wie ein Gott. Dies kann sich in der Vielfalt und der Opulenz der Speisen widerspiegeln oder einfach in der respektvollen und herzlichen Fürsorge des Gastgebers. Gastfreundschaft hat neben dem sozialen Aspekt auch viel mit Dharma, dem Erfüllen religiöser Pflicht, zu tun:

«In deinem Heim bist du selbst deinem ärgsten Feind wärmste Gastfreundschaft schuldig. Wie der Baum, der seinen Schatten auch jenen nicht verweigert, die gekommen sind, um ihn zu fällen.» **Mahabharata**

Speiseregeln und Tischsitten gibt es im Hinduismus viele. Dabei geht es vor allem um die innere und äussere Reinheit. So wird zum Beispiel nur mit der rechten Hand gegessen, niemals aber mit der linken, da diese für hygienische Zwecke benutzt wird und daher als unrein gilt. Speisen sollten bei Tisch auch nicht mit der linken Hand gereicht werden. Beim Trinken wird der Kontakt der Lippen mit dem Trinkgefäss vermieden, was nicht nur hygienische Gründe hat, sondern auch vor feinstofflicher Verunreinigung schützen soll.

Die ethischen Ideale des Ahimsa (Gewaltlosigkeit) und des Respekts vor allen Lebewesen sind tief verankerte Grundlagen der indischen Kultur. Obwohl auch in Indien Fleisch gegessen wird, leben die meisten Hindus grundsätzlich vegetarisch.

Hindus wollen keinem Tier Schaden zufügen, schliesslich könnte man selbst im nächsten Leben als Tier wiedergeboren werden. Diejenigen, die trotzdem Fleisch essen, meiden zumindest Rindfleisch. Die Kuh ist heilig und ein Geschenk Gottes. Sie gilt als eine der sieben Mütter der Menschheit, da sie den Menschen ihre Milch gibt, so wie eine Mutter ihrem Kind. Fünf Produkte der Kuh («panchagavya») sind aus der vedischen Kultur nicht wegzudenken: Milch, Joghurt, Butter, Urin und Dung. Ohne geklärte Butter für das Licht und für die Opferspeise kann keine Puja, kein formeller hinduistischer Gottesdienst stattfinden. Es ist also nicht erstaunlich, dass der Schutz der Kuh bis heute in allen hinduistischen Traditionen ein wichtiges Element ist. Auch die Sanskrit-Namen für die Kuh, «aghnya» («die Unantastbare»), «aditi» («sollte nicht verletzt werden») und «ahi» («sollte nicht getötet werden») weisen darauf hin, dass die Kuh nicht geschlachtet werden sollte. Im Rig-Veda heisst es: «Ich sage zu denen, die im Wissen sind: Tut niemals der Kuh etwas zuleide, denn dadurch schadet ihr der Erde und der gesamten Menschheit.» Mahatma Gandhi sagte in diesem Zusammenhang: «Die Grösse und den moralischen Fortschritt einer Nation kann man daran messen, wie sie Tiere behandelt.» Und weiter: «Der Schutz des Rindes ist für mich eines der wundervollsten Phänomene in der menschlichen Evolution. (...) Der Schutz des Rindes ist das Geschenk des Hinduismus an die Welt. Und der Hinduismus wird leben, solange es Hindus gibt, die das Rind schützen.»

Neben Gewaltlosigkeit gilt Tapasya, Entsagung oder Beherrschung der Sinne, als eine sehr wichtige religiöse Tugend: «Es ist nicht möglich, ein Yogi zu werden, wenn man zu viel isst oder zu wenig isst, wenn man zu viel schläft oder nicht genug schläft.» (Shri Kishna in der Bhagavad Gita). In den Yoga-Traditionen des Hinduismus hat das Fasten einen wichtigen Stellenwert. Es gilt als eine Art der Reinigung des Körpers und des Geistes. Einerseits werden die im Körper angesammelten Schlacken- und Giftstoffe freigesetzt, andererseits hilft das Fasten, die Gedanken, Gefühle und Sinne zu beherr-

schen. Gefastet wird zum Beispiel an Todestagen grosser Heiliger oder bei einem Todesfall in der Familie. Viele religiöse Festtage sind für die Gläubigen mit Fasten verbunden. Je nach den verschiedenen Traditionen innerhalb des Hinduismus geben unterschiedliche Feiertage Anlass zum Fasten. So fasten Geweihte Shivas an Mahashivaratri, der grossen Nacht Shivas. Gläubige fasten den ganzen Tag, oft auch ohne etwas zu trinken. Vaishnavas, Verehrer von Vishnu, fasten an den Erscheinungstagen aller Vishnu-Avatare und an allen Ekadasi-Tagen, dem jeweils elften Tag jeder Mondhälfte, also zweimal im Monat. Vaishnavas sind in der Regel Lakto-Vegetarier und verzichten zudem auf Knoblauch und Zwiebeln. An Ekadasi-Tagen kennen sie unterschiedliche Stufen des Fastens. Ganz strenges Fasten heisst, gar keine Nahrung und kein Wasser zu sich zu nehmen. Nichts zu essen, aber zu trinken ist die weniger strenge Variante. Andere beschränken sich auf den Verzehr von Früchten. Wem selbst das nicht möglich ist, der enthält sich an Ekadasi-Tagen zumindest dem Getreide und den Hülsenfrüchten.

Was alle Arten des Fastens verbindet ist, dass man durch diese Form der Entsagung eine innere Harmonie, eine stärkere Wahrnehmung und Aufmerksamkeit gewinnen soll, welche hilft, sich innerlich auf das wichtige Ereignis der religiösen Feier vorzubereiten.

Aus diesen und vielen weiteren Gründen nimmt die Mahlzeit im Hinduismus eine essenzielle Rolle ein. Ob es nun um das Bewirten eines Gastes geht oder um das Essen einer einfachen Speise, in jedem Fall ist die Handlung von viel Religiosität durchdrungen. Die Auswahl der Nahrung ist ein Ausdruck von Gewaltlosigkeit, beim Zubereiten wird auf innere Reinheit geachtet und beim Servieren von Speisen geht es um Respekt und Mitgefühl. Während der Nahrungsaufnahme findet ein Kontakt mit dem Göttlichen statt und die Absicht des Fastens umfasst auch das Beherrschen der körperlichen Dränge und die Ausrichtung auf das Ewige.

Reis-Linsen-Eintopf aus Mauritius

Kitchari zum Jahresbeginn

Art Hauptgericht,
vegetarisch/koscher/halal

Zeitaufwand 45 Minuten

Zutaten für 4 Personen

1 Tasse Mung Dal (gelbe Linsen)

1 Tasse Reis

2 l Wasser

100 g Süsskartoffeln

100 g Blattspinat

100 g frische Erbsen oder
Cocobohnen

100 g Zucchetti

100 g Karotten

2 grosse Tomaten

4 TL Ghee oder Öl

1 Zimtstange

½ TL Bockshornkleesamen

1 TL schwarze Senfsamen

1 TL Kreuzkümmel

1 Prise Asafoetida (auch bekannt
als Asant oder Teufelsdreck)

10 Curryblätter

4 EL frisch geriebener Ingwer

2 TL Salz

1 TL Kurkuma (auch bekannt als
Turmeric oder Gelbwurz)

Frische Kräuter wie Koriander,
Petersilie, Minze oder Thymian

Einkaufstipp Mung Dal (gelbe Linsen), Gewürze und Ghee gibt es
im Asia-Shop oder im Reformhaus.

Zubereitung 1 Dal waschen und mit 1 l Wasser im Dampfkochtopf kochen, bis er ganz weich ist. Je nach Sorte dauert das etwa 20 Minuten. Alles Gemüse ausser den Tomaten waschen und klein schneiden. Den Reis waschen und in einer grossen Pfanne mit 1 l Wasser und dem klein geschnittenen Gemüse kochen. Wenn der Reis und das Gemüse weich sind, Dal beigeben und alles gut mischen. 2 In einer kleinen Pfanne Ghee oder Öl erhitzen und der Reihe nach folgende Gewürze darin andünsten: Zimtstange, Bockshornkleesamen, Senfsamen und Kreuzkümmel. Erst dann werden Asafoetida, Curryblätter und frisch geriebener Ingwer beigegeben. 3 Die Tomaten häuten, klein schneiden und mit dem Salz zur Gewürzmischung geben. Sobald die Tomaten gar sind, Kurkuma beigeben. 4 Nun alles in der grossen Pfanne mischen und zurück auf den Herd stellen. Kurz aufkochen, damit sich der Geschmack der Gewürze ganz entfalten kann. Wird ein leichteres Kitchari bevorzugt, kann nochmals etwas Wasser hinzugefügt werden. 5 Zum Schluss nach Belieben frische Gartenkräuter wie Koriander, Petersilie, Minze oder Thymian beigeben. Das Kitchari wird mit Tomatenchutney oder Joghurt und Fladenbrot serviert.

NEUJAHR Auf der Insel Mauritius im indischen Ozean leben Menschen aus den verschiedensten Kulturen und Religionen friedlich zusammen. Etwa 60 % sind indischer Abstammung und rund die Hälfte sind Hindus.

Um ein neues Jahr mit einer frommen Tat zu beginnen, gehen viele Hindus am 1. Januar in den Tempel. Sie halten selbst auferlegte Gelübde ein und erhoffen sich davon ein Jahr voller Glück, Zufriedenheit und Wohlstand. Die meisten mauritischen Hindus leben nicht vegetarisch. Für das Gelübde aber verzichten sie auf den Verzehr von Fleisch, Fisch und Eiern.

Eines der beliebtesten vegetarischen Gerichte, die zu Jahresbeginn gekocht werden, ist Kitchari. Laut Ayurveda, der traditionellen indischen Heilkunst, hat es eine reinigende Wirkung und ist daher sehr gesund. Der Eintopf ist eine simple und zugleich sehr nahrhafte Speise. Er besteht aus Linsen und Reis, gemischt mit saisonalem Gemüse und indischen Gewürzen. Auf Mauritius hat jede Familie ihren ganz eigenen Stil, wie sie das Kitchari zubereitet. Gerne werden verschiedene Blattgemüse, Süsskartoffeln, Maniok und Chou-Chou (Chayote) verwendet. Hier in der Schweiz sind diese Gemüse eher schwer erhältlich. Das Kitchari kann aber ganz gut auch mit hiesigem Saisongemüse gekocht werden. Für 4 Personen werden etwa 500 Gramm gemischtes Gemüse benötigt.

Milchreis zum tamilischen Erntedank

Pongal

Art Süssspeise,
vegetarisch/koscher/halal

Zeitaufwand 30 Minuten

Zutaten für 4–6 Personen

100 g Mung Dal (gelbe Linsen)

200 g Reis

1 l Milch

1 Prise Kardamompulver

250 g Jaggery oder Zucker

3 TL Ghee oder Öl

50 g Cashewkerne

25 g Rosinen

Einkaufstipp Mung Dal (gelbe
Linsen), Jaggery (unraffinierter
Rohrzucker) und Ghee gibt es im
Asia-Shop oder im Reformhaus.

Zubereitung 1 Dal in einer Bratpfanne rösten und anschliessend mit dem Reis gut waschen. 2 Milch in einem grossen Topf erhitzen. Sobald die Milch überkocht fröhlich «Pongalo pongal!» rufen. 3 Reis und Dal zur Milch geben und unter stetigem Rühren bei mittlerer Hitze ganz weich kochen. Gegebenenfalls noch etwas mehr Milch beigeben. 4 Die Hitze reduzieren, Kardamompulver und Jaggery oder Zucker hinzufügen und gut mischen. 5 In einer kleinen Pfanne Ghee oder Öl zerlassen. Cashewkerne und Rosinen kurz darin rösten und zum Pongal geben. Alles gut mischen und warm servieren.

TAMILISCHER ERNTEDANK In Indien gibt es mehrere Erntezeiten im Jahr und so auch verschiedene Erntedankfeste. Das wichtigste tamilische Erntedankfest findet Mitte Januar statt und dauert vier Tage. Am ersten Tag werden alte Sachen ausrangiert und verbrannt, die Häuser werden herausgeputzt und farbenfroh dekoriert. Altes soll Neuem Platz machen. In den Höfen der traditionellen Häuser wird eine neue Feuerstelle errichtet und der Boden mit Kuhdung gereinigt. Kuhdung dient in Indien nicht nur als Brennmaterial und zu rituellen Zwecken, sondern aufgrund seiner antiseptischen

Wirkung auch als Reinigungsmittel. Die traditionellen Höfe und offenen Kochstellen werden täglich mit einem Gemisch aus Lehm und frischem Kuhdung ausgestrichen, wodurch eine Art antibakterieller Teppich entsteht. Die Frauen schmücken den Hof mit Kolam, aufwendigen Mustern, die sie aus Reismehl und Kurkuma auf den Boden streuen.

Am zweiten Tag stehen alle früh auf, duschen und ziehen neue Kleider an. Bei Sonnenaufgang versammelt man sich im Hof, das Feuer wird entfacht und in einem neuen Tontopf wird Milch zum Kochen gebracht. So-

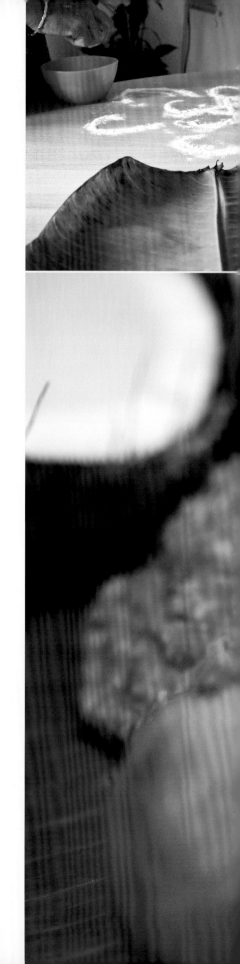

bald diese überkocht, rufen alle fröhlich «Pongalo pongal!». Pongal bedeutet «überkochen» und wird synonym für das Erntedankfest und das Reisgericht verwendet, das anschliessend aus der Milch gekocht wird.
Zuzuschauen, wie die Milch überkocht, soll Wohlstand
und Glück bringen. Der Milch werden nun Reis und Linsen (Dal) der frischen Ernte beigefügt.

Es wird ein Milchreis gekocht, der mit anderen Erträgen der Ernte sowie Betelnüssen,
Betelblättern, Bananen und Kokosnüssen auf
einem Bananenblatt dem Sonnengott Surya
als Erntedank dargebracht wird.

Während die Frauen damit beschäftigt sind, einen
Festschmaus zuzubereiten, vergnügt sich die Jugend
mit Feuerwerk. All die Leckereien werden dann im Hof
auf Bananenblättern serviert und gemeinsam gegessen.

Pongal ist auch ein Familienfest. Man besucht
sich gegenseitig und bringt Pongal all jenen,
die selber keines kochen konnten, weil sie
zum Beispiel durch einen Todesfall in der
Familie rituell unrein sind, oder kranken und
alten Mitmenschen.

Die Tamilen in der Schweiz müssen an Pongal etwas
improvisieren. So entfallen das Reinigen der Kochstelle
mit Kuhdung und das Kochen unter freiem Himmel.
Gekocht wird stattdessen in Pfannen auf dem Herd. Die
Tradition, das Pongalgericht Freunden und Bekannten
zu bringen, die selber keines gekocht haben, bleibt aber
bestehen. Die tamilischen Lebensmittelläden führen in
dieser Zeit alles, was es für ein gelungenes Pongal
braucht. So gibt es zum Beispiel frische Kokos- und Ba-
nanenblätter zum Dekorieren, frisches Zuckerrohr, Kokosnüsse und vieles mehr.

Joghurtspeise zum Fastenbrechen
Raita zu Mahashivaratri

Art Beilage,
    vegetarisch/koscher/halal

Zeitaufwand 30 Minuten

Zutaten für 4–6 Personen

1 kleine Süsskartoffel

1 mittelgrosse Kartoffel, festkochend

4–5 Singhara (Wassernüsse)

1 Gurke

1 kleine grüne Chilischote

1 Becher dickes Naturejoghurt

½ TL Kreuzkümmel, gemahlen

1 EL frischer Koriander, fein gehackt

1 ½ TL Salz

1 Prise Zucker

1 EL geröstete Erdnüsse

½ TL Kreuzkümmelsamen

1 TL Öl

Tipp Im Originalrezept werden Wassernüsse verwendet, die in der Schweiz allerdings nur schwer zu bekommen sind. Wenn, dann gibt es sie in asiatischen Lebensmittelgeschäften. Sie können aber problemlos weggelassen werden.

Einkaufstipp Erdnüsse zum Selberrösten gibt es im Asia-Shop.

Zubereitung 1 Süsskartoffel und Kartoffel kochen, schälen und in kleine Würfel schneiden oder mit der Röstiraffel in Späne hobeln. Falls Wassernüsse erhältlich sind, diese kochen, schälen und klein schneiden. Gurke waschen und klein schneiden oder mit der Röstiraffel in Späne hobeln. 2 Die Chilischote längs aufschneiden, vorsichtig mit einem Messer die Samen entfernen und die Schote in ganz feine Streifen schneiden. Damit hinterher weder die Hände noch die Augen brennen, lässt man den Stiel dran und hält die Chili nur dort, bis die Kerne mit dem Messer entfernt und alles fein geschnitten ist. 3 Joghurt in eine Schüssel geben, gemahlenen Kreuzkümmel, fein gehackten Koriander, Chilistreifen, Salz und Zucker beifügen und leicht aufschlagen. 4 Kartoffeln, Süsskartoffeln, geröstete Erdnüsse und Wassernüsse beigeben und alles gut mischen. Das Raita kalt stellen. 5 Kurz vor dem Servieren das Öl erhitzen und die Kreuzkümmelsamen leicht andünsten. Den heissen Kreuzkümmel über das Raita geben und mit ein paar Korianderblättern garnieren.

MAHASHIVARATRI, die «grosse Nacht Shivas», ist der höchste Feiertag für die Shaivas, die Verehrer des Gottes Shiva. Bei Sonnenaufgang nehmen sie ein Bad in einem heiligen Gewässer oder waschen sich mit Wasser, das mit schwarzem Sesam aufgekocht wurde. Dann ziehen sie neue Kleider an und gehen in den nächstgelegenen Shiva-Tempel. Dort verbringen sie den Tag, indem sie das Linga, die anikonische Form Shivas, mit Milch, Wasser und Honig übergiessen und mit Sandelholzpaste, Blumen, Betelblättern und anderen Gaben schmücken. Strikte Shaivas fasten bis zum nächsten Morgen und verzichten selbst auf Wasser. Shiva sprach einst: «In der vierzehnten Nacht der dunklen Hälfte des Monats werde ich im Kali-Yuga [das gegenwärtige Zeitalter] über die Erde gehen. Ganz sicher werde ich in allen Lingas sein, in den beweglichen sowie den unbeweglichen, um die Sünden hinwegzunehmen, welche die Menschen im vergangenen Jahr begangen haben; darum wird derjenige, der mich in dieser Nacht mit Mantras verehrt, von Sünden frei sein.» So verbringen Shaivas möglichst auch die Nacht im Tempel, wo sie

Geschichten über Shiva hören und zu seinen Ehren gemeinsam Bhajans, hingebungsvolle Lieder, singen. Oft vergehen Stunden mit dem Singen des Panchakshara-Mantras: «Om namah Shivaya» – Om, Ehre sei Shiva.

Anders als an den meisten Hindu-Festen, an denen ausgelassen gefeiert wird, ist Mahashivaratri ein eher meditatives Fest. Die Gläubigen konzentrieren sich auf ihr Fastengelübde und die Verehrung Shivas. Wer aus irgendwelchen Gründen nicht fasten kann, versucht zumindest nur Früchte oder getreidefreie, vegetarische Speisen zu sich zu nehmen und nach Sonnenuntergang nichts mehr zu essen. Abends wird ein Shiva-Tempel besucht oder Shiva auf dem eigenen Hausaltar verehrt. Die Nacht über wird nach Möglichkeit nicht geschlafen und mit der Verehrung Shivas verbracht. Nach der durchwachten Nacht wird das Fasten nach Sonnenaufgang gebrochen. Nun folgt ein Festessen aus Leckereien, die Shiva zuvor dargebracht und von ihm gesegnet wurden. Vorzugsweise sind dies eher leichte und kühlende Speisen, zum Beispiel Shivaratri-Raita, eine salzige Beilage auf der Basis von Joghurt.

Das sinnesbetörende Honiggetränk

Varuni für Balarama

Art Getränk,
  vegetarisch/koscher/halal

Zeitaufwand 5 Minuten

Zutaten für 5–7 Personen

7 dl Milch

50 g flüssiger Honig

10 g Zucker

6 dl Naturejoghurt

1 dl Rahm

2 EL Rosenwasser

Einkaufstipp Rosenwasser gibt es im Asia-Shop oder im Reformhaus.

Zubereitung 1 Honig und Zucker in einem Teil der Milch auflösen. 2 Die restlichen Zutaten beigeben und gut vermengen. 3 Gekühlt servieren.

BALARAMAS GEBURTSTAG In Indien, zwischen Delhi und Agra, liegt Braj, das heilige Land der Krishna-Verehrer. Dort wird nicht nur der Gott Krishna, sondern auch sein Bruder Balarama mit Bhakti, der liebenden Hingabe, verehrt. Balarama ist für seine Stärke, aber auch für seine kindliche Verspieltheit bekannt. Das Bhagavata-Purana, eine der heiligen Schriften der Vaishnavas, berichtet davon, wie er zusammen mit Krishna die selbstgemachte Butter der Kuhhirtinnen stibitzt, sich daran satt isst und den Rest den Affen verfüttert. Eine andere Geschichte erzählt, wie er berauscht vom sinnesbetörenden Getränk Varuni im Yamuna-Fluss baden wollte. Er rief die Flussgöttin zu sich, damit er sich in ihr abkühlen könne, diese aber ignorierte ihn. Balarama nahm daraufhin seinen Pflug und zog den Fluss in einer grossen Furche zu sich hin. Yamuna, die Flussgöttin, erschien vor ihm, bat zitternd um Verzeihung und gestattete Balarama das Baden in ihr. Noch heute zeugen die vielen kleinen Kanäle um Vrindavan von diesem Ereignis.

An Balaramas Geburtstag werden ihm die verschiedensten Leckereien dargebracht. Darunter auch sein Lieblingsgetränk Varuni, von dem es heisst, es sei beim Quirlen des Milchozeans entstanden. Die Geschichte erzählt, wie einst die Götter und die Dämonen den Milchozean quirlten in der Hoffnung, daraus einen Trank zu gewinnen, der Unsterblichkeit verleiht. Durch das Quirlen kamen verschiedene Schätze zum Vorschein, wie zum Beispiel die Göttin des Glücks und des Wohlstands Lakshmi, die wunscherfüllende Kuh Surabhi, der Parijata-Baum, dessen Blüten niemals verblassen oder welken, und eben das sinnesbetörende Honiggetränk Varuni.

Kokoskonfekt für den elefantenköpfigen Gott Ganesha

Modak zu Ganesha Caturthi

Art Süssspeise,
vegetarisch/koscher/halal

Zeitaufwand 1 Stunde

Zutaten für ca. 15 Stück

Teig

100 g Weissmehl

25 g Semolina (Griess)

1 Prise Salz

4 EL Erdnuss- oder Sonnenblumenöl

Wenig Wasser oder Milch

Füllung

4 gehäufte EL Kokosflocken

3 gehäufte EL Jaggery oder Zucker

1 TL Ghee oder Butter

Kardamompulver oder gemahlene
Nüsse (je nach Vorliebe)

Tipp Je nach Vorliebe können der
Füllung etwas Kardamompulver,
gemahlene Pistazien oder Cashewkerne beigefügt werden.

Einkaufstipp Jaggery (unraffinierter
Rohrzucker) und Ghee gibt es im
Asia-Shop oder im Reformhaus.

Zubereitung Teig   1 Aus Mehl, Griess, Salz und Öl einen Teig kneten und so viel Wasser oder Milch beifügen, bis der Teig geschmeidig ist. Den Teig gut durchkneten und etwas ruhen lassen.

Zubereitung Füllung   2 Je 3 gehäufte EL Kokosflocken und Jaggery oder Zucker auf kleiner Stufe erhitzen und gut rühren, bis der Jaggery schmilzt. Vom Herd nehmen und nach Belieben etwas Kardamom pulver oder gemahlene Nüsse daruntermischen. 1 TL Ghee und nochmals 1 EL Kokosflocken beifügen und alles gut mischen.

Formen und frittieren   3 Aus dem Teig etwa walnussgrosse Kugeln formen, von Hand flach drücken und mit dem Wallholz zu gleichmässigen, ca. 3 mm dicken Rondellen auswallen. Nötigenfalls mit Hilfe einer grossen Tasse ausstechen. 4 Teigkreis vorsichtig in die Hand nehmen und 1 TL Füllung in die Mitte geben. Den Rand mit Daumen, Zeige- und Mittelfinger in 6–8 Falten legen, danach den gefalteten Rand durch Zusammendrücken schliessen und zu einem Spitzchen formen. 5 Die fertigen Modaks in Erdnussöl auf kleiner Stufe goldbraun frittieren.

GANESHA CATURTHI Am vierten Tag (Caturthi) des zunehmenden Mondes im Monat Bhadrapada (August/September) wird zu Ehren des elefantenköpfigen Gottes Ganesha ein grosses Fest – Ganesha Caturthi – gefeiert. Ganesha steht für einen guten Anfang, räumt Hindernisse aus dem Weg und verkörpert Weisheit und Intelligenz. Er liebt Süssigkeiten über alles, allen voran Modak. Die kleinen, mit unraffiniertem Rohrzucker (Jaggery) und Kokosflocken gefüllten Teigtäschchen werden ihm an Ganesha Caturthi in grossen Mengen dargebracht. Während des mehrtägigen Festes werden daheim und auf öffentlichen Plätzen temporär farbenfrohe Schreine für Ganesha errichtet. Die Götterfiguren werden eigens dafür erstellt. In einer Zeremonie wird der Figur von einem Priester der Atem eingehaucht (prana-pratistha). Nun ist die Götterfigur nicht mehr nur ein Kunstgegenstand, sondern eine direkte Repräsentation Ganeshas. Während zehn Tagen werden ihm täglich Gebete und Gesänge sowie in einer Zeremonie Kokosnüsse, Jaggery, 21 Modaks, 21 Durva-Gräser und rote Blumen dargebracht. Nach der Darbringung werden die Modaks an die Anwesenden verteilt und auf der

Stelle aufgegessen. Hat jeder Anwesende eines bekommen, werden die restlichen auf der Strasse an die Passanten verteilt. Die grossen Götterfiguren werden am elften Tag in grossen, von Tanz und Musik begleiteten Prozessionen durch die Strassen geführt und unter lautem Rufen von «Ganapati bappa morya, pudhachya varshi laukar ya» – Oh Ganesha, komm nächstes Jahr bald wieder! – in einem Gewässer versenkt. Die kleineren Figuren, die in den Familien verehrt werden, werden je nach Region und Familientradition am dritten, fünften, siebten oder zehnten Tag nach Ganesha Caturthi ebenfalls versenkt. Ganesha, der nun die Rückreise zu seinem Wohnsitz im Kailash-Gebirge antritt, nimmt alles Ungemach seiner Verehrer mit sich.

In Maharashtra (Indien) ist Ganesha Caturthi ein riesiges Volksfest, bei dem sich ehrfürchtige Hingabe und weltliches Vergnügen mischen. Es gibt grosse Paraden mit Ganesha und anderen Göttern, Musik- und Tanzdarbietungen, Wohlfahrtsveranstaltungen und vieles mehr. Während der britischen Herrschaft in Indien brachte der Freiheitskämpfer und Sozialreformer Lokmanya Bal Gangadhar Tilak Ganesha Caturthi 1893 aus dem häuslichen Kontext in die Öffentlichkeit. Er etablierte das religiöse Fest als ein Fest für jedermann, um die Einheit der Hindus zu stärken, die durch die sozialen Unterschiede von Brahmanen und Nicht-Brahmanen geschwächt wurde.

Er ermutigte die verschiedenen Gemeinschaften, sich mit kulturellen und intellektuellen Darbietungen am Fest zu beteiligen. So entstand ein Treffpunkt für Menschen aller Kasten und Gemeinschaften während einer Zeit, in der aufgrund der britischen Herrschaft soziale und politische Versammlungen verboten waren.

Die Modaks für die Darbringungen werden täglich frisch hergestellt. Sie können aus Reismehl gefertigt und dann gedämpft oder mit Weizenmehl zubereitet und dann frittiert werden. Die Zubereitung des Reismehlteiges ist etwas aufwendig, weshalb hier die einfachere Version mit Weizenmehl gezeigt wird. Die Herstellung von formschönen Modaks erfordert Fingerspitzengefühl und Übung. Die leckere Süssigkeit entschädigt aber allemal für den Aufwand.

Getreidefreies Fladenbrot für Fastentage

Kuttu Paratha

Art Fladenbrot,
vegetarisch / koscher / halal

Zeitaufwand 20 Minuten

Zutaten für 4 Personen

2 Kartoffeln, mehligkochend

240 g Buchweizenmehl

1 TL Steinsalz oder normales Salz

Ghee oder Öl

Tipp Optional können dem Teig
auch noch schwarzer Pfeffer und
frische Korianderblätter beigefügt
werden.

Einkaufstipp Ghee und Steinsalz
gibt es im Asia-Shop oder im
Reformhaus.

Zubereitung 1 Kartoffeln kochen, schälen und zerstampfen.
Mit Buchweizenmehl und Steinsalz vermischen und mit etwas Wasser
zu einem Teig verrühren. Alles gut kneten und 30 Minuten zugedeckt
ruhen lassen. 2 Den Teig achteln, jedes Stück zu einem Bällchen
formen und mit etwas Mehl zu einem kleinen Fladen auswallen.
3 Ghee oder Öl in einer Bratpfanne erhitzen und die Kuttu Parathas
bei mittlerer Hitze beidseitig braten. Die Kuttu Parathas können
mit Joghurt als Snack oder als Beilage serviert werden.

FASTENTAGE Fasten und Abstinenz spielen an vielen hinduistischen Feiertagen eine wichtige Rolle. Die Art variiert je nach Anlass und Glaubensrichtung. Gefastet wird für eine bestimmte Gottheit, zu bestimmten Festtagen oder zur Erfüllung eines persönlichen Gelübdes (vrata). So verzichten zum Beispiel Vaishnavas zu Ehren Vishnus jeden elften Tag nach Mondwechsel gänzlich auf Nahrung oder zumindest auf den Verzehr von Getreide und Hülsenfrüchten. An Pandava Ekadasi (Mai/Juni) wird nirjala gefastet, das heisst, dass selbst auf Wasser verzichtet wird. Das Fasten wird am darauffol-

genden Morgen zu einem lunar vorgegebenen Zeitpunkt mit einem stärkenden Getränk aus Milch, Wasser, Honig und Kurkuma (Gelbwurz) gebrochen. Während der vier Monate der Regenzeit (Caturmasya) werden Wandermönche vorübergehend sesshaft. Die Vaishnavas unter ihnen halten dann bestimmte Abstinenzregeln ein, die je nach Monat variieren. Im ersten Monat verzichten sie auf Spinat, im zweiten auf Joghurt, im dritten auf Milch und im vierten auf Urad-Linsen.

Viele Shaivas fasten jeweils montags von Sonnenaufgang bis Sonnenuntergang zu Ehren Shivas und

manch unverheiratete Frau fastet dann zur Erlangung eines guten Ehemannes. Der Samstag wird dem Planetengott Shani (Saturn) zugeschrieben. Shani wird wegen seines schlechten Einflusses gefürchtet, weshalb durch samstägliches Fasten oder Abstinenz versucht wird, ihn milde zu stimmen.

Da an Fastentagen oft auf Getreide verzichtet wird, wird dann auf sogenannte Pseudogetreide wie Buchweizen, Quinoa oder Tapioka ausgewichen.

Inder essen zu den Mahlzeiten gerne kleine Fladenbrote wie Chapatis, Parathas oder Puris und da sie darauf nur ungern verzichten, werden sie an Fastentagen aus Buchweizenmehl gemacht. Kuttu Paratha, ein Fladenbrot aus Buchweizenmehl und Kartoffeln, ist eine beliebte Beilage während den Navaratri-Feiertagen. Während diesem 9-tägigen Fest zu Ehren der Göttin gelten verschiedene Essensvorschriften. Dabei wird auf den Genuss von Fleisch, Alkohol, Getreide, Hülsenfrüchten, Zwiebeln und Knoblauch sowie auf bestimmte Gemüsearten und Gewürze verzichtet. Zudem wird anstelle von normalem Salz ausschliesslich Steinsalz verwendet.

Süsse Griessspeise zur Verehrung eines heiligen Berges

Halava zur Govardhana-Puja

Art Süssspeise,
vegetarisch/koscher/halal

Zeitaufwand 30 Minuten

Zutaten für 4–6 Personen

7 ½ dl Milch

225 g brauner Zucker

200 g Butter

225 g Mais- oder Hartweizengriess

35 g Rosinen

2 TL abgeriebene Orangenschale

1 Orange, Saft

Tipp Hier wird der «Bhuni hui chinni ka halava» mit Karamell-Geschmack beschrieben. Je nach Vorliebe können dem Grundrezept auch Früchte wie klein gewürfelte Äpfel, Erdbeeren, Aprikosen oder auch Nüsse beigefügt werden.

Zubereitung 1 Die Milch erhitzen. In einer anderen Pfanne den Zucker bei niedriger bis mittlerer Temperatur schmelzen und dabei ständig mit einer Holzkelle rühren, damit er nicht anbrennt. Sobald der geschmolzene Zucker hellbraun wird, die Hitze reduzieren und langsam die heisse Milch dazugiessen. Die entstandenen Zuckerkristalle mit der Kelle zerstossen, damit sie sich in der Milch auflösen können. 2 In einer separaten Pfanne die Butter bei niedriger bis mittlerer Hitze zerlassen. Griess dazugeben und anrösten, bis er leicht bräunlich wird, dann die Hitze reduzieren. 3 Die Rosinen, den Abrieb der Orangenschale und den Orangensaft zur Karamellmilch geben und die Mischung langsam unter den Griess ziehen. Achtung, beides soll sehr heiss sein und es kann spritzen, daher erst umrühren, wenn die ganze Flüssigkeit in der Griesspfanne ist. Einige Male umrühren, damit keine Klumpen entstehen. 4 Deckel auf die Pfanne legen und einige Minuten weiterköcheln lassen, bis der Griess alle Flüssigkeit aufgesogen hat. Mehrmals umrühren, um den Halava aufzulockern und die Rosinen gleichmässig zu verteilen. Der Halava wird entweder heiss in Schalen serviert oder in noch warmem Zustand mit einem Glaceportionierer zu Kugeln geformt und dann kalt genossen.

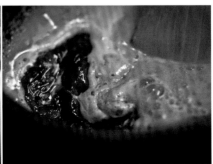

GOVARDHANA-PUJA ist ein heiliger Hügel in der Nähe von Krishnas Geburtsort Vrindavan in Uttar Pradesh (Indien). Im Bhagavata-Purana, einer der heiligen Schriften der Vaishnavas, wird beschrieben, wie einst Indra, der Herr des Himmels, eifersüchtig auf den Gott Krishna war und es daher sieben Tage und sieben Nächte ununterbrochen regnen und stürmen liess. Krishna beschützte die Bewohner seines Dorfes und alle Tiere vor dem grossen Unwetter, indem er den nahe gelegenen Govardhana-Hügel mit seinem kleinen Finger wie einen gigantischen Regenschirm in die Höhe stemmte, sodass alle darunter Zuflucht finden konnten.

Dieses Ereignis wird jedes Jahr im Herbst mit grosser Freude gefeiert. Das Datum wird nach dem Mondkalender ermittelt. Es gilt als äusserst glücksverheissend, am Tag der Govardhana-Puja den heiligen Hügel zu umwandeln. Da es nicht immer allen Krishna-Verehrern möglich ist, dorthin zu pilgern, wird der Hügel aus Speisen nachgebildet und ein Stein des Govardhana-Hügels als dessen Stellvertreter daraufgelegt. Je nach Gemeinschaft ist der Berg eher salzig mit Reis als Grundlage oder süss mit ganz vielen verschiedenen Süssspeisen. Während des Festes wird zu Musik und Gesang um den Berg getanzt, was gleichbedeutend ist

mit einer Pilgerreise und der Umwandelung des heiligen Govardhana-Hügels. Im Anschluss wird der Berg aus gesegneten Speisen von allen Anwesenden mit Hochgenuss verspiesen.

In Zürich gehört die Govardhana-Puja zu den Höhepunkten im Festkalender der Hare Krishnas. Anfang der 1980er-Jahre war der Hare Krishna-Tempel der ISKCON der erste Hindu-Tempel der Schweiz. Die tamilischen Flüchtlinge waren froh, ein bisschen Heimat in der Fremde zu haben. Viele sind dem Tempel bis heute treu geblieben, obwohl es mittlerweile viele Hindu-Tempel der verschiedensten Glaubensgemeinschaften gibt. So feiern noch heute die Hare Krishnas und die Tamilen gemeinsam die Feste der Gaudiya Vaishnavas, der Krishna-Verehrer.

Der Govardhana-Hügel wird bei ihnen aus Süssigkeiten gemacht. Dabei dient Halava, eine Griessspeise, die es in verschiedenen Variationen gibt, als Grundlage. Halava ist es auch, das von den Hare Krishnas verteilt wird, wenn sie singend und tanzend durch die Stadt ziehen oder in ihren farbigen Gewändern am Zürihorn im Schatten der Bäume das Mahamantra singen: «Hare Krishna Hare Krishna, Krishna Krishna Hare Hare. Hare Rama Hare Rama, Rama Rama Hare Hare.»

Islam

«Alle Dankbarkeit gebührt
Gott, der uns genug gegeben
hat und damit versorgt.»
Tischgebet

«… esset und trinket, doch überschreitet das Mass nicht»

VON CEBRAIL TERLEMEZ Der Koran erzählt von Abraham, Moses, Jesus und Mohammed. Vor allem Abraham ist es, der die Menschen in sein Zelt eingeladen hat, um sie zu bewirten und mit ihnen ins Gespräch zu kommen. Er wird als Vorzeigebeispiel für Gastfreundschaft geehrt. Diese Geste wird in der islamischen Literatur als prophetischer Akt bezeichnet. Gastfreundschaft haben auch Moses, Jesus und Mohammed ausgeübt, um mit den Menschen in den Dialog zu treten. Vom Gesandten Mohammed wird berichtet, dass er in der mekkanischen Zeit, der Anfangs- und Frühzeit des Islam, sein Hab und Gut für seine Gäste ausgegeben und allen Gesellschaftskreisen Mahlzeiten und Getränke spendiert habe. Als einer seiner Anhänger zu ihm kam und fragte:

«Oh, Gesandter Gottes, welche islamische Tugend ist wertvoller als die anderen?», antwortete der Gesandte: «Den Menschen Essen und Trinken zu geben sowie Bekannte oder Unbekannte zu grüssen.»

Es gibt viele weitere Überlieferungen vom Gesandten Mohammed zu diesem Thema. Auch im Koran werden die Gläubigen an vielen Stellen aufgefordert, von dem, was Gott den Menschen gegeben hat, etwas weiterzugeben. Nicht nur die Bedürftigen, sondern auch die Nachbarn, die Verwandten und der ganze Bekanntenkreis gehören dazu. An einer Stelle sagt der Gesandte: «Derjenige ist nicht von uns, der sich satt isst, während sein Nachbar hungert.» An einer anderen Stelle warnt er vor Menschen, die keine Gäste empfangen und keine Gastfreundschaft zeigen. Solche und ähnliche Aussprüche des Gesandten und viele Stellen im Koran haben das Verständnis für das Essen und die Gastfreundschaft der Muslime geprägt. Essen und Trinken zu geben und gemeinsam zu speisen gehören zu den wichtigsten Handlungen, um Gottes Wohlgefallen und seine Liebe zu gewinnen.

Das Verhältnis des Islam zum Essen hat auch mit dem Menschenbild zu tun. Der Respekt, den man den Geschöpfen Gottes gegenüber zeigen muss, kommt hier im Alltag zum Ausdruck. Gottes Geschöpfe glücklich zu machen heisst, auch Gottes Liebe zu gewinnen. Damit die Menschen die Aufforderung, Essen zu geben und zu verzehren nicht missdeuten, warnt Gott vor der Völlerei und der Verschwendung seiner Gaben. Dazu gehört auch, dass man auf die Gesundheit des Körpers achtet. Wenn der Mensch seinem Körper Schaden zufügt, wird er im Jenseits dafür zur Rechenschaft gezogen. Gott spricht im Koran zu den Menschen: «Oh, Kinder Adams, (...) esset und trinket, doch überschreitet das Mass nicht; wahrlich, Er liebt nicht die Unmässigen.» (Koran 7,31) Der Gesandte Mohammed verdeutlicht dies mit den folgenden Worten: «Der Mensch füllt kein schlechteres Gefäss als seinen Bauch. Einige Bissen genügen dem Sohn Adams. (...) Aber wenn das nicht möglich ist, dann sollte ein Drittel des Magens seinem Essen, ein Drittel seinem Trinken und ein Drittel seinem freien Atmen vorbehalten sein.»

Der Islam kennt einige Einschränkungen. Grundsätzlich gilt: Solange etwas nicht ausdrücklich verboten ist, ist es erlaubt. Der Koran macht die Menschen immer wieder darauf aufmerksam, dass der Schöpfer alles auf Erden für die Menschen erschaffen hat: «Er ist es, der alles, was auf der Erde ist, für euch geschaffen hat.» (Koran 2,29) oder «Oh, ihr Menschen, esst von dem, was es auf der Erde an Erlaubtem und Gutem gibt.» (Koran 2,168) Alles, was unrein und schädlich ist, ist per se verboten, und es gibt eine Reihe von nicht erlaubten Speisen. Die erlaubten Tätigkeiten werden als «Halal», die verbotenen als «Haraam» bezeichnet. Auch bei den Lebensmitteln werden diese Begriffe verwendet. Zu den im Koran explizit genannten, nicht erlaubten Lebensmitteln gehören Schweinefleisch, Blut, Raubtiere, Raubkatzen, Raubvögel, Esel, Maultiere und Hunde. Für den Verzehr von Fleisch gibt es weitere Regeln, die es zu beachten gilt. Die wichtigste Regel ist, dass die Tiere von einem Gottesgläubigen geschächtet werden müssen. Das kann auch ein gläubiger Christ oder Jude sein. Bei den pflanzlichen Lebensmitteln gilt die allgemeine Regel, dass «alles was schädlich ist oder eine berauschende Wirkung hat» nicht erlaubt ist. Dazu gehören auch alkoholische Getränke (Koran 2,219/5,90).

Die Muslime kennen einige Bräuche, mit denen sie der Aufforderung nachkommen, Essen und Trinken zu geben und mit anderen zu teilen. Der Ramadan und das Opferfest sind die bekanntesten. Beide Bräuche gehören zu den fünf Säulen des Islam und gelten somit als Gebet. Jeder Moslem ist verpflichtet, einmal im Jahr das Fleisch eines Opfertieres an die eigene Familie, Bekannte und Arme zu verteilen.

Der Fastenmonat Ramadan (Koran 2,183 ff.) ist eine Zeit, die mit der Familie, den Nachbarn, Bekannten und Armen verbracht wird. Es ist ein Monat zwischen Hunger und gemeinsamen Mahlzeiten. Der Gläubige wird aufgefordert, mit den Hungernden der Welt Solidarität zu üben. Die Armensteuer, die ebenfalls zu den fünf Säulen des Islam gehört, wird in diesem Monat fällig, und daneben werden die Muslime zu Spenden aufgefordert. Von der Morgendämmerung bis zum Sonnenuntergang darf nichts gegessen und nichts getrunken werden. Der Mensch soll in diesem Monat die Barmherzigkeit Gottes wiederentdecken und seine Gaben und Geschenke angemessen würdigen. Dazu begegnen wir in den Hadithen, den Aussagen des Propheten Mohammed, der folgenden Überlieferung:

Gott befragte das Ego (nefs): «Wer bin ich? Wer bist du?» Das Ego antwortete: «Ich bin ich! Du bist du!» Gott unterzog es darauf einer Strafe. Es wurde in das Feuer geworfen. Dann stellte er wieder dieselbe Frage. Es erwiderte auch diesmal: «Ich bin ich! Du bist du!» Welcher Strafe er es auch unterzog, es liess von seinem Trotz nicht ab. Da verhängte er über das Ego die Strafe des Hungers. Dann befragte er es von Neuem: «Wer bin ich? Wer bist du?» Nun sagte das Ego: «Du bist mein barmherziger Herr. Ich hingegen bin dein schwacher Diener.»

Nach Sonnenuntergang darf wieder gegessen werden. Mit dem Segensspruch Bismillahirrahmanirrahim («im Namen Gottes, des Allerbarmers, des Barmherzigen») wird angefangen zu essen. Nach dem Essen wird mit dem Spruch Elhamdulillah («Lob gebührt Gott») ein Dank ausgesprochen.

Zusammenfassend kann gesagt werden, dass der Islam das Essen dazu verwendet, um den Glauben zu vertiefen, darin aber auch die Möglichkeit sieht, ein urmenschliches Mittel so einzusetzen, dass die Menschen friedlicher und solidarischer miteinander leben können.

Rosenwasser zur Geburtsnacht des Propheten

Rosensharbat

Art Getränk, vegan / koscher / halal

Zeitaufwand 30 Minuten (+ Rosenblätter über Nacht ziehen lassen)

Zutaten für 1 ½ Liter (6 Personen)

100 g Rosenblätter
2 Zitronen, Saft
200 g Zucker
1 ½ l Wasser

Zubereitung 1 Rosenblätter sorgfältig waschen und in eine Schüssel geben. Saft der einen Zitrone mit 2 EL Zucker über die Rosenblätter geben und diese von Hand fein verreiben. 2 Den restlichen Zucker und das Wasser in einen Topf geben, aufkochen und vom Herd nehmen. Saft der zweiten Zitrone beigeben, umrühren und abkühlen lassen. 3 Die Rosenmasse zum kalten Sirup geben und über Nacht zugedeckt im Kühlschrank ruhen lassen. 4 Vor dem Servieren durch ein engmaschiges Sieb giessen und mit frischen Rosenblättern dekorieren.

Tipp Je nach Vorliebe können dem Sharbat einige Nelkenköpfchen und/oder eine Zimtstange beigefügt werden: Während dem Aufkochen des Sirups beifügen und fünf Minuten mitkochen. Danach Gewürze entfernen und den Sirup abkühlen lassen.

Einkaufstipp Im Blumenladen oder auf dem Wochenmarkt (z.B. auf dem Bürkliplatz in Zürich, siehe www.freilandrosen.ch) nach essbaren, unbehandelten Biorosen fragen. Dabei möglichst dunkle und stark duftende Blätter verlangen.

DIE GEBURTSNACHT DES PROPHETEN Das Süssgetränk Sharbat ist in vielen Ländern bekannt: von Pakistan, Afghanistan und Iran über die Türkei bis in den Balkan. Das arabische Wort «sharbat» hat sich im Türkischen als «şerbet» etabliert und ist danach von anderen europäischen Sprachen übernommen und modifiziert worden. Im Französischen beispielsweise ist das fruchtsafthaltige Getränk als «sorbet» bekannt.

Während der osmanischen Zeit, insbesondere in der Nacht der Bestimmung, flossen an mehreren Gedenkbrunnen verschiedene Sharbatsorten statt Wasser. Diese Tradition wird in Istanbul bis heute am Hippodromplatz weitergeführt, wo auch die Blaue Moschee steht. Dort kann man aus dem historischen Deutschen Brunnen während eines ganzen Tages im Ramadan Honigsharbat trinken. Kaiser Wilhelm II. stiftete den Brunnen als Erinnerung an seinen Besuch bei Sultan Abdulhamid 1898.

Bei der Feier der Geburtsnacht des Propheten Mohammed ist die Sharbatkultur ein Bestandteil des Mevlid. Der Mevlid-i Serif ist ein mystisches Gedicht von Süleyman Celebi, der im 15. Jahrhundert in Bursa, im Westen der Türkei, als Poet und Imam wirkte. Es erzählt die Geburtsgeschichte des Propheten und ist so bekannt, dass es bis heute in vielen Moscheen, auch in der Schweiz, gelesen wird. Im Schlussvers wird der Prophetenmutter Amina während der Geburtswehen Sharbat geschenkt. In Erinnerung daran wird zu diesem Anlass in den Moscheen häufig Rosensharbat zubereitet. Die Rose ist das Symbol für den Propheten Mohammed.

Bei der Zubereitung von Sharbat finden vielfältige Zutaten wie Honig, Blütenblätter, Früchte, Gewürze sowie Nüsse Verwendung. Je nach Land und kulturellem Hintergrund wird auch zu Verlobungen, Hochzeiten und an religiösen Festtagen zwischen den Gängen oder zum Essen Sharbat serviert.

Zum islamischen Fastenbrechen in Ägypten

Sahlab

Art Getränk,
     vegetarisch/koscher/halal

Zeitaufwand 15–20 Minuten

Zutaten für 4–6 Personen

1 l Milch

2 TL Sahlab-Pulver

30 ml Rosenwasser oder Orangen-
     blütenwasser (kann je nach
     Vorliebe auch weggelassen
     werden)

3 TL Zucker

2 TL Pistazien, gehackt

Zimtpulver

Tipp Statt Sahlab-Pulver aus der
Knolle des Mannsknabenkrauts kann
Maisstärke (z.B. Maizena) verwendet
werden.

Zubereitung 1 Sahlab-Pulver oder Maisstärke in wenig Milch auflösen. Restliche Milch aufkochen. Das Bindemittel dazugeben und
unter ständigem Rühren auf kleiner Stufe köcheln, bis sich die Milch
verdickt ohne Klumpen zu bilden. 2 Rosenwasser bzw. Orangenblütenwasser und Zucker beigeben. Weiterrühren. 3 Das Getränk noch
warm in Trinkgläser füllen und mit gehackten Pistazien und Zimtpulver
bestreuen.

FASTENMONAT RAMADAN Der Ramadan ist sowohl der neunte Monat des islamischen Mondkalenders als auch der Fastenmonat. Die Sichtung der neuen Mondsichel (Hilal) am Ende des letzten Tages beziehungsweise in der letzten Nacht des Vormonats Scha'ban zeigt den Anfang des Ramadan an.

Während des Fastenmonats wird auf jegliche Nahrungs- und Getränkezufuhr von Sonnenaufgang bis Sonnenuntergang verzichtet, wobei schwangere Frauen, Kranke sowie Kinder vor Erreichen der Pubertät nicht zum Fasten verpflichtet sind. Der bewusste Verzicht ermöglicht dem Fastenden, sich in Menschen hineinzuversetzen, die jeden Tag Hunger und Durst leiden müssen. Nach Einbruch der Nacht ist es den fastenden Muslimen gestattet, wieder Nahrung zu sich zu nehmen.

Zum Fasten gehört nicht allein der Verzicht auf Nahrung, sondern auch eine bewusste Wahrnehmung von Verhaltensmustern, die sich im Alltag eingeschlichen haben. So wird dem Fastenden nahegelegt, sich während der Fastenzeit in Enthaltsamkeit zu üben. Beispielsweise soll in dieser Zeit nichts Schlechtes getan,

gesagt (z.B. lügen oder fluchen) oder gedacht werden. Trotz eines knurrenden Magens die Fassung zu bewahren und sich nicht auf Streitereien einzulassen, ist einer der Vorsätze der Fastenden im Ramadan.

Das gemeinsame Fastenbrechen hat einen grossen Stellenwert im sozialen Zusammenleben muslimischer Familien. Nach Einbruch der Dunkelheit werden Freunde, Bekannte und Familie sowie je nach Tradition sozial schlechter gestellte Menschen eingeladen oder mit Essensgaben beschenkt (Afrika, Asien).

Um nach einem Tag des Fastens den Magen nicht zu überfordern, werden zum Fastenbrechen Getränke bevorzugt. Eines ist das aus Ägypten stammende Sahlab. In Ägypten wird Sahlab gerne in Strassencafés und zur Fastenzeit auch zu Hause getrunken. Besonders in der kalten Jahreszeit wird das Getränk geschätzt, da es eine angenehme Wärme von innen nach aussen verbreitet.

Sahlab wird traditionellerweise mit einem Pulver des Mannsknabenkrautes (Orchis Mascula) zubereitet, das in Lebensmittelgeschäften in unseren Breitengraden jedoch nur selten angeboten wird.

Ramadan-Suppe aus Marokko

Harira

Art Suppe, koscher/halal

Zeitaufwand ca. 2 Stunden
(+ Einweichen über Nacht)

Zutaten für 5–6 Personen

100 g Kichererbsen

100 g rote Linsen

1 grosse Kartoffel, mehligkochend

1 Karotte

1 Stange Staudensellerie

2 mittelgrosse Zwiebeln

3 Knoblauchzehen

250 g Rindfleisch (kann für die
vegetarische Variante einfach
weggelassen werden)

5 EL Olivenöl

1½ l Gemüsebouillon

2 grosse Fleischtomaten (oder
Tomaten aus der Dose)

1 Bund Petersilie

Etwas frischer Koriander

Nach Belieben eine Handvoll Reis
oder feine Suppenpasta

½ TL Harissa (Chilipaste,
ersatzweise auch Sambal Oelek)

1–2 TL Paprikapulver (mild oder
scharf, je nach Vorliebe)

1 TL Kreuzkümmel, gemahlen

1 TL Koriander, gemahlen

½ TL Kurkuma

½ TL Ingwerpulver

Evtl. 2 EL Mehl

Schwarzer Pfeffer

Salz

1 Zitrone, Saft

Zubereitung 1 Kichererbsen über Nacht in reichlich Wasser einweichen. Danach in ein Sieb giessen und abtropfen lassen. 2 Linsen waschen. Kartoffel und Karotte schälen. Die Kartoffel in kleine Würfel, die Karotte in dünne Scheiben und den Stangensellerie in feine Streifen schneiden. Knoblauchzehen und Zwiebeln fein hacken. 3 Die Harira kann mit Fleisch oder vegetarisch zubereitet werden. Für die fleischige Variante das Rindfleisch kalt abspülen und in kleine Würfel schneiden. Olivenöl in einem grossen Topf erhitzen und das Fleisch mit den fein gehackten Zwiebeln bei mittlerer Hitze etwa 3 Minuten anbraten. 4 Knoblauchzehen pressen und dazugeben. Kartoffel-, Karotten- und Selleriestückchen ebenfalls dazugeben, kurz anbraten und mit heisser Bouillon ablöschen. 5 Die Kichererbsen und die Linsen dazugeben und alles zugedeckt ca. eine Stunde bei kleiner Hitze köcheln lassen. 6 In der Zwischenzeit die Tomaten mit kochendem Wasser überbrühen, häuten und pürieren. Die Petersilie und den Koriander waschen, die dicken Stiele entfernen und den Rest fein hacken. 7 Nach einer Stunde Kochzeit Tomatenpüree, gehackte Kräuter, Reis oder Pasta, Harissa und restliche Gewürze dazugeben. Gut umrühren und zugedeckt weitere 20 Minuten garen. Falls die Suppe zu wässrig ist, wenig Mehl in etwas kaltem Wasser auflösen und unter Rühren in die Suppe geben. Das Gericht mit Pfeffer, mildem Paprika, Salz und Zitronensaft abschmecken.

FASTENBRECHEN Im Fastenmonat Ramadan darf zwischen Sonnenauf- und Sonnenuntergang nichts gegessen und nichts getrunken werden. Das Ritual des Fastenbrechens (Iftar) bezieht sich auf das bewusste Brechen des Fastens im Ramadan. Das Iftar wird oft in Gesellschaft, sei es mit der Familie oder mit Fremden, vollzogen. Direkt nach Sonnenuntergang (Maghrib) wird das Fasten traditionellerweise mit einer Dattel und etwas Wasser oder Milch gebrochen, so wie es der Prophet Mohammed laut Überlieferung getan hat. Üblicherweise verrichten die Gläubigen nach Einnahme

dieses kleinen Häppchens das Abendgebet (Salat-ul-Maghrib) und setzen sich dann zur eigentlichen Mahlzeit zusammen. In muslimischen Ländern wird der Zeitpunkt des Fastenbrechens durch den Ruf zum Abendgebet festgelegt. An anderen Orten behelfen sich Muslime mit entsprechenden Zeittabellen.

Am Ende jedes Fastentages herrscht eine versöhnliche und feierliche Stimmung. In dieser Hinsicht ist der Ramadan mit der christlichen Adventszeit vergleichbar. Vielerorts gilt es als segensreich, Gäste, Verwandte, Nachbarn, Bekannte und Bedürftige zum Fastenbrechen

einzuladen. Diese Tradition wird in vielen Ländern ge-
pflegt, ganz nach der Gepflogenheit des Propheten
Mohammed, der die Gastfreundschaft vorlebte (siehe
S. 106).

Damit der Magen nach einem langen Tag des Fastens nicht überfordert wird, werden zum Fastenbrechen
Getränke und Suppen verschiedenster Art zubereitet
und verzehrt (siehe S. 110 f.).

In Marokko folgt dem Fastenbrechen mit
einer Dattel und etwas Milch die Ramadan-
Suppe Harira. Diese Suppe eröffnet das
abendliche Fastenmenü.

Traditionell werden zur Harira Datteln und gekochte
Eier serviert. Auch die Ramadan-Guetzli Chabakia pas-
sen gut dazu (siehe 116 ff.). Es ist Brauch und soll Segen
bringen, eine ungerade Anzahl Datteln zur Harira zu
verzehren (3, 5 oder 7 Datteln).

Zum Zuckerfest am Ende des Fastenmonats Ramadan

Chabakia

Art Süssgebäck,
  vegetarisch mit Ei/koscher/halal

Zeitaufwand 45–60 Minuten

Zutaten für 5–6 Personen

200 g Sesamsamen

500 g Mehl

250 g gemahlene Mandeln

1 Ei

1 Msp. Safran

1 TL Zimtpulver (nach Belieben mehr)

75 g weiche Butter oder Margarine

1–2 Päckchen Backpulver

Etwas Essig

120 ml Orangenblütenwasser

120 ml Olivenöl

Öl zum Frittieren

1 kg flüssiger Honig (evtl. etwas
  mehr für die Dekoration)

Zubereitung 1 Sesamsamen in einer Bratpfanne anrösten. Etwa die Hälfte mit dem Mixer zerkleinern, bis eine braune Masse entsteht. 2 Mehl, gemahlene Mandeln und ein verquirltes Ei dazugeben und alles zu einem Teig mischen. Safran, Zimtpulver, Butter oder Margarine und Backpulver beifügen. Essig, Orangenblütenwasser und Olivenöl ebenfalls beigeben und den Teig gut kneten. Wie bei einem Mürbeteig wird dieser nun in kleinere Portionen geteilt und gekühlt, bevor er weiterverarbeitet wird. 3 Den Teig ca. 5 mm dick auswallen und mit Hilfe eines Messers oder eines Teigrädchens Quadrate von 5 x 5 cm ausschneiden. In jedes Quadrat 4 parallele Rillen einritzen, sodass 5 Streifen von je 1 cm Breite entstehen. 4 Nun wird mit dem Zeigefinger abwechslungsweise ein Streifen aufgefädelt und einer liegen gelassen, bis das ganze Gebäck auf dem Zeigefinger aufgefädelt ist (2 Streifen auf der Oberseite des Zeigefingers und 3 auf der Unterseite). Nun den Finger vorsichtig herausziehen, sodass die Streifen übereinander liegen und das Gebäck ausgewölbt bleibt. Die Enden der entstehenden Ellipse zur Befestigung leicht andrücken. 5 Öl in der Fritteuse oder in einer Bratpfanne mit hohem Rand erhitzen. Chabakias beidseitig frittieren. Abtropfen lassen, noch warm in eine Schüssel mit Honig tunken und mit reichlich geröstetem Sesam bestreuen.

ID AL FITR Am Ende der einmonatigen Fastenzeit im Monat Ramadan wird von Muslimen weltweit das zweitgrösste Fest im muslimischen Kalender gefeiert, der Id al fitr (dt. Fest des Fastenbrechens, türk. Ramazan Bayramı). Im Türkischen und im Ägyptischen wird das Fest auch als Zuckerfest (Şeker Bayramı) bezeichnet. Es beendet die 29- oder 30-tägige Fastenzeit. Am ersten Morgen des Festes findet das gemeinsame Festtagsgebet in der Moschee statt. Männer und Frauen ziehen besonders schöne oder neue Kleidung an. Das Haus wird festlich dekoriert und gründlich gereinigt.

Meist wird der Moscheebesuch mit einem Besuch auf dem Friedhof verbunden, wo Bittgebete für verstorbene Verwandte gesprochen werden. Der Tag wird ansonsten in erster Linie dazu genutzt, um Verwandte und Bekannte zu besuchen.

Wie schon während der Fastenzeit werden viele Gäste empfangen. Man macht sich gegenseitig und auch den Bedürftigen Geschenke – ein sehr wichtiger Aspekt dieses Feiertages und des Ramadan an sich, denn es gilt als ehrenwerte Tat, Arme zu beschenken.

Zudem werden süsse Speisen wie die Chabakia gereicht und gegessen. Zu Id al fitr findet man die Chabakia in jedem marokkanischen Haushalt. Traditionellerweise wird sie zur Ramadan-Suppe Harira serviert, die jeden Abend zum Fastenbrechen aufgetischt wird (siehe S. 112 ff.).

Zum Fastenbrechen in Pakistan

Samosas

Art Vorspeise,
vegetarisch/koscher/halal
Zeitaufwand 20–25 Minuten
Zutaten für 6–8 Stück

Teig

1 Tasse Weissmehl

½ Tasse heisse Milch

1 Prise Kreuzkümmelsamen

½ TL Salz

1 ½ EL Sonnenblumenöl

Füllung

3 grosse Kartoffeln, mehligkochend

2 EL Sonnenblumenöl

1 Zwiebel, fein gehackt

½ TL Senfsamen

½ TL Kreuzkümmelsamen

½ TL Koriander, gemahlen

2 TL Paprika, scharf

1 TL Kurkuma

½ TL Garam Masala-Pulver

3 Chilis, fein gehackt

2 TL Zitronensaft

Salz

Öl zum Frittieren

Zubereitung 1 Kartoffeln in reichlich Salzwasser weich kochen. Abgiessen und beiseitestellen. 2 Kreuzkümmelsamen von Hand zerdrücken und mit Mehl, heisser Milch und Salz in eine Schüssel geben und vermischen. Sonnenblumenöl dazugeben und alles zu einem zarten Teig zusammenfügen. Den Teig 10 Minuten kühl stellen. Mit ½ TL Öl einreiben und weitere 30 Minuten im Kühlschrank ruhen lassen. 3 In einer beschichteten Pfanne Öl erhitzen, gehackte Zwiebel dazugeben und dünsten, bis sie goldbraun wird. Senfsamen, Kreuzkümmelsamen und Koriander dazugeben und zugedeckt braten, bis die Senfsamen aufplatzen. 4 Die gekochten Kartoffeln schälen, würfeln und ebenfalls dazugeben. Mit den restlichen Gewürzen und Zitronensaft abschmecken. 5 Den Teig in 8 Portionen teilen. Jede Portion etwa 5 mm dick rund auswallen und halbieren. Die Kanten der Halbkreise mit Wasser befeuchten, etwas Mehl daraufgeben und die Kanten aufeinanderdrücken, sodass ein Zylinder entsteht. 1 EL Füllung in den Zylinder geben und die Unterseite des Zylinders verschliessen. 6 Öl zum Frittieren erhitzen, die Samosas beidseitig goldbraun braten und mit Chutney servieren.

Tipp Samosas können auch im Ofen goldbraun gebacken anstatt frittiert werden. Sie schmecken besonders gut mit Chutney, z.B. Mangochutney.

Einkaufstipp Kreuzkümmelsamen und Garam Masala-Pulver sind in indischen und türkischen Lebensmittelgeschäften erhältlich, z.B. bei EGE Import, Josefstrasse 53, 8005 Zürich.

PAKISTANISCHES IFTAR Mehr zum Fastenmonat Ramadan und zum Fastenbrechen siehe S. 111, 113 f., 118.

Der Ramadan wird in verschiedenen Ländern rund um den Globus auf unterschiedliche Art und Weise begangen. In Pakistan wird nach dem Ausruf zum Abendgebet, das gleichzeitig das Ende des täglichen Fastens bedeutet, einige Minuten innegehalten. Danach wird das Fasten oftmals in der Öffentlichkeit mit Bekannten oder Fremden gebrochen. Die Vorbereitungen dafür dauern 3 bis 4 Stunden: Zu Hause und an vielen Essensständen werden verschiedene Köstlichkeiten für das Iftar zubereitet. Bei einem pakistanischen Iftar dürfen Süssigkeiten und Häppchen wie Pakoras und Samosas keinesfalls fehlen.

Samosa ist ein in Pakistan und Indien sehr beliebtes Gebäck. Jede Region hat über die Jahre ihre eigenen Spezialitäten mit ganz spezifischen Gewürz- und Gemüsekombinationen hervorgebracht. Es gibt sowohl vegetarische Varianten wie auch solche mit Fleisch (häufig mit Poulet).

Da der Ramadan eine intensive Zeit für Körper und Geist ist, ist es für den Fastenden manchmal schwierig, all den Aufgaben des Alltags und den täglichen Vorbereitungen für das Zusammenkommen mit Freunden und Bekannten gerecht zu werden. Aus diesem Grund sind die meisten Samosa-Rezepte relativ einfach und schnell nachgekocht.

Zum islamischen Opferfest

Pakistanisches Lamm-Biryani

Art Hauptgericht, halal

Zeitaufwand 30–40 Minuten

Zutaten für 4–5 Personen

3 grosse Tassen Basmatireis

3 Zwiebeln, fein gehackt

5 g Butter

500 g Lammfleisch

4 grosse Tomaten, gewürfelt
  und einige Scheiben

1 EL Naturejoghurt

½ TL Chilipulver

½ TL Kurkuma

3 TL Bombay-Biryani-Gewürz

Salz

Öl zum Braten

Koriander zum Garnieren

Einkaufstipp Das Bombay-Biryami-
Gewürz ist in indischen Lebensmittelgeschäften erhältlich,
z.B. bei Aggarwal, Kernstrasse 27,
8004 Zürich.

Zubereitung 1 Basmatireis in ein Sieb geben und mit kaltem Wasser abspülen. 30 Minuten stehen lassen. 2 3½–4 l Wasser in einer grossen Pfanne aufkochen und 1½ TL Salz sowie abgetropften Reis hineingeben. Einen Teil der gehackten Zwiebeln mit etwas Butter dazugeben. Den Reis bissfest kochen (ca. 12 Minuten). 3 Lammfleisch in eine kleine Pfanne geben und mit Wasser auffüllen, bis das Fleisch bedeckt ist. Auf kleiner Stufe köcheln, bis das Wasser verdampft ist. Abkühlen lassen. 4 Rest der gehackten Zwiebeln in etwas Öl anbraten, bis sie braun glasiert sind. Gewürfelte Tomaten und 1 EL Naturejoghurt beigeben. Lammfleisch in Würfel schneiden und ebenfalls dazugeben. Gewürze und eine halbe Tasse Wasser daruntermischen. Bei mittlerer Hitze 8–12 Minuten köcheln lassen, bis das Fleisch gar ist. 5 Den Reis abgiessen. Den Boden der Reispfanne mit Tomatenscheiben belegen und etwas Öl aus der Fleischpfanne darüberträufeln. Eine Schicht Reis auf den Tomaten verteilen, danach eine Schicht Fleisch usw. Mit einem Küchentuch bedecken und 5–10 Minuten zugedeckt köcheln lassen. Vor dem Servieren nach Belieben mit fein geschnittenem Koriander garnieren.

DAS ISLAMISCHE OPFERFEST erinnert an die Geschichte des Propheten Abraham (arab. Ibrahim). In seinen jungen Jahren lebte er mit Menschen, die nicht zu Gott beten wollten. Obwohl er sie immer wieder aufforderte, sich von den falschen Göttern (Götzen) abzuwenden und sich dem einen Gott zuzuwenden, hörten sie nicht auf ihn und wollten ihm Leid zuführen und ihn verbrennen. Doch er wurde gerettet.

Er zog davon und lebte in einem anderen Land. Eines Tages erhielt Ibrahim den Befehl von Gott, seinen Sohn Ismail zu opfern. Ibrahim war sehr bestürzt und traurig über diese Prüfung, denn er liebte seinen Sohn sehr. Dennoch wollte er Gott gehorchen. Als Ibrahim zum Messer griff, um Ismail zu töten, ertönte eine Stimme, die ihm sagte, er solle seinen Sohn nicht töten. Ibrahim hatte die Probe bestanden, auf die sein Gottvertrauen gestellt worden war. Er wurde aufgefordert, an-

stelle seines Sohnes einen Widder zu opfern und dessen Fleisch mit Freunden und Bedürftigen zu teilen. Zur Erinnerung an die Rettung Ismails schlachten Muslime jedes Jahr am Opferfest ein Tier und teilen das Fleisch mit Verwandten, Bekannten und Armen.

Das Opferfest (arab. Eid-al Adha) ist das wichtigste religiöse Fest der islamischen Welt. Es bildet den Höhepunkt des Hadsch, der Wallfahrt nach Mekka, der nur im Monat Dhu-l-Hidscha durchgeführt werden darf.

Das Opferfest fällt auf den letzten Tag des Hadsch, den 10. Dhu-l-Hidscha. Muslime weltweit opfern an diesem Tag ein Schaf oder ein Lamm. Das Fleisch wird portioniert und an die Familie und an Bedürftige verteilt.

Alle Teile des Tieres werden verwertet, sodass in dieser Zeit viel Fleisch verzehrt wird. Eines der typischen Eid-al-Adha-Gerichte ist das pakistanische Lamm-Biryani.

Zum Gedenken an den Propheten Noah

Aschura — Noahs Pudding

Art Süssspeise,
vegan/koscher/halal

Zeitaufwand 1½ Stunden
(+ Einweichen über Nacht)

Zutaten für 10–12 Personen

2 Gläser Asura-Weizen (ca. 350 g)

½ Glas Kichererbsen (ca. 120 g)

½ Glas weisse Bohnen (ca. 120 g)

½ Glas Rosinen (ca. 100 g)

½ Glas Korinthen (ca. 80 g)

5 gedörrte Aprikosen

5 gedörrte Feigen

½ Glas Risotto-Reis (ca. 120 g)

3–4 Gläser Zucker

1 Zimtstange

5–6 Nelkenköpfchen

Zum Bestreuen
Korinthen, Baumnüsse, Haselnüsse,
geschälte Mandeln, Mandelstifte,
Granatapfelkerne, Zimtpulver, Pinienkerne (je nach Vorliebe)

Einkaufstipp Asura-Weizen ist in
türkischen Lebensmittelgeschäften
erhältlich, z.B. bei EGE Import,
Josefstrasse 53, 8005 Zürich.

Zubereitung 1 Am Vorabend Kichererbsen, Bohnen, Rosinen,
Korinthen, ganze Aprikosen und ganze Feigen in separaten Gefässen
in Wasser einweichen und über Nacht stehen lassen. Weizen in
ca. 1 l Wasser kurz aufkochen und ebenfalls über Nacht im Wasser auf-
quellen lassen. 2 Am nächsten Tag Bohnen und Kichererbsen in
separaten Pfannen in reichlich Wasser weich kochen. 3 Das Wasser des
aufgequellten Weizens abgiessen. Weizen und Reis in einem grossen
Topf in ca. 1½ l Wasser so lange kochen, bis die Körner völlig aufge-
weicht sind. Danach die gekochten Hülsenfrüchte beigeben und alles
nochmals kurz aufkochen. 4 Zucker, Zimtstange und Nelkenköpfchen
beigeben und unter ständigem Rühren weiterkochen. Wenn die Masse
zu dick wird, etwas heisses Wasser hinzufügen. 5 Die eingeweichten
Dörrfrüchte in kleine Würfel schneiden und ebenfalls beigeben. Weitere
15 Minuten kochen, bis die Masse dick und klebrig ist. Die Zimtstange
entfernen und die Aschura in kleine Schälchen verteilen. 6 Je nach
Vorliebe mit gehackten Nüssen, Granatapfelkernen, Korinthen oder
Zimtpulver bestreuen und einige Stunden kühl stellen.

Variationen ~ Auch andere Dörrfrüchte oder ein frischer, klein ge-
schnittener Apfel können beigefügt werden. ~ Die abgeriebene Schale
einer Orange gibt der Aschura einen erfrischenden Geschmack.
~ Aschura wird in manchen Gegenden mit einem Schuss Rosenwasser
abgeschmeckt.

ASCHURA Der Prophet Noah ist im Islam eine der wichtigsten Personen in der Menschheitsgeschichte. Er wird von den drei abrahamitischen Religionen als zweiter Urvater aller Menschen bezeichnet. Seine Geschichte ist in den Heiligen Schriften aller drei grossen monotheistischen Religionen Judentum, Christentum und Islam zu finden.

Der Legende nach ist am 10. Tag des ersten Monats nach islamischem Kalender die Arche Noahs nach der Sintflut auf dem heutigen Berg Ararat (Türkei) gestrandet. Als die Überlebenden Hunger verspürten, brachten sie ihre wenigen Essensvorräte zusammen. Von jeder Zutat hatte es so wenig, dass es nicht für eine Mahlzeit genügt hätte. Der Prophet Noah kochte aus dem vorhandenen Getreide und weiteren Lebensmitteln eine Suppe. Durch ein prophetisches Wunder konnte sich die ganze Gemeinde daran satt essen.

Zum Andenken an diese Ereignisse wird jedes Jahr am 10. Tag des Monats Muharram in vielen muslimischen Ländern wie Albanien, Bosnien, Mazedonien oder der Türkei der Aschura-Tag gefeiert. Wichtig ist, dass man die Aschura nicht alleine isst, sondern sie mit Freunden, Verwandten und Nachbarn teilt. Meist kochen die Mütter die Aschura am Vorabend und füllen sie in kleine Schalen ab. Am nächsten Tag werden die Kinder losgeschickt, um die Süssspeise in der Nachbar- und Verwandtschaft zu verteilen. Dabei bekommt man für jede Schale Aschura eine Schale zurück. Immer wieder wird im Muharram Aschura gekocht, sodass sich der Verzehr über den ganzen Monat erstrecken kann.

Traditionell wird Aschura als Süssspeise gekocht und kalt gegessen. In manchen Gegenden der Türkei wird sie aber auch als salzige Suppe warm verzehrt. Jede Region und jede Familie hat ihr eigenes Rezept. Es gibt unzählige Variationen und persönliche Vorlieben. Hier zeigen wir das süsse Grundrezept und geben einige Anregungen für Variationen.

Als Sadaka (Almose) am Freitag

Kasachische Baursak

Art Salziges Gebäck,
vegetarisch / koscher / halal

Zeitaufwand 1 Stunde

Zutaten für 12 Personen

700 g Weizenmehl

1 Tasse Milch

1 TL Salz

1 Tasse Wasser

1 Würfel Frischhefe

1 TL Zucker

½ dl Sonnenblumenöl

Zubereitung 1 Mehl, Milch und Salz in eine Schüssel geben. Hefe und Zucker in 1 EL warmem Wasser auflösen und zum Mehl geben. Wasser nach und nach beifügen und alles zu einem weichen Teig kneten. 2 Den Teig zugedeckt 30 Minuten ruhen lassen. 3 Danach in Stücke teilen, 1 cm dick auswallen und beliebig formen (z. B. flach, rund, rechteckig, kugelförmig ...). 4 In einer Pfanne mit hohem Rand Öl stark erhitzen und die Baursak frittieren, bis sie goldbraun sind. Dabei bilden sich Blasen, die den Baursak ihre typische hohle Form geben. Vorzugsweise warm servieren.

BAURSAK, in siedendem Fett ausgebackener Teig, ist ein typisch kasachisches Gericht. In Kasachstan wird es zu wichtigen Anlässen nach verschiedenen Rezepten zubereitet. Das Rezept für die Teigmischung ist in vielen Familien geheim und wird von der Grossmutter an die nächste Generation weitervererbt. Übersetzt bedeutet Baursak «Verwandtschaft» und «Bruderschaft».

Es ist zur Tradition geworden, dass man Baursak am Freitag zubereitet. Der Freitag ist ein wichtiger Tag für die Muslime, was im Koran speziell im Kapitel Cuma erwähnt wird. An diesem Tag findet das Freitagsgebet statt, das von vielen Muslimen praktiziert wird.

Am Freitag teilt man die frittierten Baursak mit der Nachbarschaft, Bedürftigen auf der Strasse und Kin-

dern. Man leistet damit eine Sadaka, einen Almosen. Auch der Prophet Mohammed hat dies während seiner Zeit so praktiziert und allen Muslimen empfohlen, diese Tradition weiterzuführen.

Die Sadaka beinhaltet nach der Prophetentradition mehrere Stufen von Tugenden. Das Lächeln, ein sanfter zwischenmenschlicher Umgang, das Spenden an Bedürftige und das Entfernen von Gegenständen, an denen sich Menschen verletzen könnten, gehören dazu.

Baursak können unterschiedlich geformt werden. Es gibt flache, runde, rechteckige und kugelförmige Varianten. Sie alle werden in reichlich Öl frittiert.

Judentum

«Gelobt seist du, Ewiger,
unser Gott, König der
Welt, Schöpfer verschiedener
Speisen.» Tischgebet

«Sie schauten Gott und assen und tranken»

VON RABBINER MICHAEL GOLDBERGER Früher stellte ich mir das Paradies wie ein Schlaraffenland vor. Ich träumte von gebratenen Enten, die mundgerecht herumliegen, von Cremeschnitten und Gummibärchen, die an Bäumen wachsen, von Schokoladenbrunnen und Coca-Cola-Bächen. Dass «Schlaraffenland» aus dem Mittelhochdeutschen kommt und «Land der faulen Affen» bedeutet, irritiert zwar, doch vermag es den Reiz, der meiner kindlichen Vorstellung heute noch anhaftet, kaum zu mindern. Ein klein wenig von dieser ursprünglichen Sehnsucht schwingt wohl auch im Wort «symposium» mit. Wohl steht der Begriff für «wissenschaftliche Konferenz», doch leitet er sich ab von «symposion», und dieser altgriechische Ausdruck steht ursprünglich für «geselliges Trinken». Offenbar dreht sich auch bei Gelehrtentagungen gar viel um Essen und Trinken.

Bei Juden ist das fast immer so. Eine gemeinsame Mahlzeit ist wichtigstes Element bei Feiertagen, religiösen Zeremonien und familiären Festen.

«Se'udat Mizwa» lautet der Terminus technicus für Festessen, bei denen anlässlich einer Bar Mizwa, einer Hochzeit oder auch wenn ein Talmudtraktat zu Ende studiert wurde geschlemmt wird. Festessen besitzen den Status eines göttlichen Gebotes. Wer sich daran gütlich tut, erfüllt biblisches Gesetz.

Woche für Woche hoffen Juden darauf, dass es nach dem samstäglichen Gebet in der Synagoge einen Kiddusch gibt, also einen Apero. «Kiddusch» allerdings klingt besser. «Kiddusch» bedeutet «Heiligung». Aus einem profanen Empfang wird ein Gottesdienst, aus dem Stehtisch ein Altar und aus den Häppchen werden Opfergaben. Ein gelungener Empfang am Schabbat hat etwas Paradiesisches. Es ist, als würden wir einen kurzen Blick erhaschen vom ursprünglichen Garten Eden, so wie der Schabbat selbst einen Funken messianischer Zeit enthält. Nicht umsonst fragt in einem populären jiddischen Lied der Schüler seinen Rebbe: «Was wird sein, wenn der Messias kommen wird?» Der Meister antwortet: «Wir werden ein Sudenyu machen, ein kleines Festgelage. Moses wird einen Lernvortrag halten, König Salomon Weisheiten erzählen und König David musizieren.» Vorgängig wird jedoch das Menü besungen. Es wird Fleisch, Fisch und schweren Wein geben.

Am Ende der Tage wartet also ein Festbankett. Und am Beginn? Das allererste Gebot, welches Gott Adam und Eva verkündet, lautet: «Von all den Bäumen im Garten Eden sollt ihr essen.» (Gen. 2,16) Die Früchte eines einzigen Baumes wurden ihnen verboten. Doch ausgerechnet von diesen nahmen sie. Sofort wurden die Lichter des Paradieses gelöscht. Seither müssen wir den Boden bearbeiten und uns im Schweisse unseres Angesichts ernähren (Gen. 3,17–19). Fertig Paradies, fertig Schlaraffenland. Was bleibt, sind Erinnerungen und Hoffnungen. Erinnerung an den Garten Eden, wo das, was gegessen wurde, nicht verschwand, sondern vollkommen bestehen blieb, so wie eine Blume bestehen bleibt, egal wie oft und intensiv wir daran riechen. Und die Hoffnung auf den Messias, der uns dereinst wieder lehren wird zu essen ohne zu vernichten, zu speisen ohne zu vertilgen.

Im Idealfall erinnert uns eine gute Mahlzeit an die Zeit vor der Entfremdung vom Boden, aus dem wir geschaffen wurden, und vor der Entfremdung von Gott, dessen Odem wir eingehaucht bekamen. Sie schmeckt nicht immer wie das biblische Manna, welches den Gout annahm, den man sich gerade wünschte. Aber sie ist stets mehr als blosse Nahrungsaufnahme. Aus diesem Grund essen Juden nicht alles, und das, was erlaubt ist, nicht in jeder Kombination und nicht zu jeder Zeit. In der koscheren Küche gibt es nur Fleisch von ausgesuchten Säugetieren (solche, die sowohl Wiederkäuer sind als auch gespaltene Hufe haben) und nur bestimmte Fische (solche, die sowohl Schuppen wie Flossen besitzen). Säugetiere und Vögel müssen geschächtet und möglichst von Blut befreit werden. Fleischige Produkte werden nie mit milchigen vermischt. Im weitesten Sinn gehören zu den Speisegesetzen noch eine Vielzahl anderer Gebote und Verbote. An Schabbat und Feiertagen ist das Kochen verboten. Juden bereiten deswegen die Mahlzeiten am Vortag zu und halten sie auf einer elektrischen Platte warm. An Pessach vermeiden wir Getreide, welches Zeit hatte zu säuern, und verzichten somit während acht Tagen auf Brot, Teigwaren und vieles mehr. An gewissen Trauertagen fasten wir von Sonnenaufgang bis Sonnenuntergang, an anderen essen und trinken wir während 25 Stunden rein gar nichts. Das klingt kompliziert und ist es auch. Doch führt kein Weg an diesen Gesetzen vorbei. Ihre Grundlagen stehen in Bibel und Talmud, die Traditionen entwickelten sich während 3500 Jahren, und Juden sind ein stures Volk. Die Speisegesetze schränken ein. Vor allem aber rufen sie uns ins Bewusstsein, dass nicht wir die Hausherren sind in dieser Welt, sondern Gott. Nicht alles ist erlaubt, nicht jede Verbindung geduldet. Wohl soll der Mensch die Welt bearbeiten, er soll sie aber auch beschützen (Gen. 2,15). Wer die Koschergesetze einhält, handelt nicht automatisch ökologisch, ist aber auf dem besten Weg dazu. Sie haben nämlich – auch wenn oft genug das Gegenteil behauptet wird – nichts mit Reinlichkeit oder Gesundheit zu tun, sondern vielmehr mit Heiligung.

Beim Essen geht es nicht bloss um Selbsterhaltung, Triebbefriedigung oder Erquickung. Es geht um das Leben. Es geht darum, sich mit anderen Menschen, mit der Schöpfung und mit Gott zu verbinden.

In der Bibel ranken sich viele Legenden um Kochen und Essen. Abraham bewirtet fürstlich die drei Engel, die ihn besuchen (Gen. 18,5–8) und macht nach der Geburt von Isaak ein Festmahl (Gen. 21,8). Isaak will seinen erstgeborenen Sohn Esau segnen und schickt ihn auf die Jagd (Gen. 27,7). Jakob aber, der ihm einst das Erstgeborenenrecht für ein Linsengericht abgeluchst hat (Gen. 25,29–31), übertölpelt seinen Zwillingsbruder und präsentiert dem alten Vater ein von der Mutter zubereitetes Gericht als frisch gejagt (Gen. 27,14).

Nirgendwo jedoch steht Nahrung so im Vordergrund wie bei den Opfergaben, die in der Torah ausführ-lich beschrieben sind. Wer Fehler beging, sich in einer Angelegenheit täuschte oder Dank ausdrücken wollte, brachte Opfer dar und spendete die Speisen den Priestern oder ass sie mit der Familie. Selbst das biblische Steuergesetz sieht feierliche Mahlzeiten vor, indem es vorschreibt, dass ein Zehntel der Ernte regelmässig in Jerusalem im Kreise der Familie gegessen werden soll (Dtn. 12,18). Heute erinnern zwei Bräuche an diese spirituelle Dimension von Kochen und Essen.

Nach jeder Mahlzeit sprechen Juden ein Dankesgebet, so wie es die Bibel vorschreibt, indem sie festlegt, dass wir essen werden, satt werden und Gott segnen (Dtn. 8,10).

Die Rabbinen fügten diesem Gebot viele Segenssprüche hinzu, die wir sprechen, bevor wir in etwas hineinbeissen. Diese Segenssprüche gehören zu den ersten Dingen, die ein jüdisches Kind lernt. Der zweite Brauch steht in Verbindung mit dem Backen von Brot. Wer über ein Kilo Mehl verarbeitet, der sondert vom fertigen Teig etwas ab, spricht einen Segensspruch und verbrennt es separat. Für viele Frauen, die jeden Freitag Challot (Schabbatzöpfe) backen, ist dies ein aussergewöhnlicher, meditativer Moment. Brot backen allein ist schon etwas Spirituelles. Es steht am Ende eines langen Prozesses, der einst mit dem Säen des Getreides begonnen hat und an dem viele teilhatten. Wer das fertige Brot vor sich hat und wirklich zu sehen vermag, der sieht nicht bloss ein Nahrungsmittel. Er sieht vielmehr die Energie des Bauern, des Schnitters, des Müllers und des Bäckers. Er spürt Erde, Regen, Sonne und Wind, die miteinander verwoben wurden. Er fühlt, dass unsere Welt alles andere als ein Schlaraffenland ist, dass es jedoch möglich ist, Himmel und Erde miteinander zu verbinden. Er lernt, dass man alles, was wir tun, und sei es noch so gewöhnlich, erheben und vergeistigen kann. Letztlich erkennt er in allem das Göttliche.

Als die Juden am Berge Sinai Gott sahen, begannen sie zu essen und zu trinken (Ex. 24,11). Jetzt verstehen wir wieso.

Der Schabbatzopf
Challah

Art Brot/Vorspeise,
vegetarisch mit Ei/koscher/halal

Zeitaufwand ca. 2 Stunden

Zutaten für 4–5 mittelgrosse Zöpfe

800 g Weissmehl

1 Würfel Frischhefe

2 ½ dl Wasser

60 g Zucker

3 TL Salz

1 ¼ dl Sonnenblumenöl

3 Eier

Sesam, Mohn, Schwarzkümmel,
Rosmarin, Zwiebelpulver,
Knoblauchpulver (je nach Vorliebe)

Tipp Für Rosch Haschana, das jüdische Neujahr (siehe S. 155), backt man runde, süsse Challot. Dazu gibt man zusätzlich 100 g Honig in den Teig und je nach Vorliebe ausserdem Zimtpulver, Zucker und/oder Rosinen.

Zubereitung 1 Mit einem kleinen Schwingbesen Frischhefe und 1–2 EL Mehl im Wasser auflösen. Zusammen mit dem restlichen Mehl, Zucker, Salz und Öl mischen. 2 Eier verquirlen und zur Mischung geben. Von Hand oder in der Küchenmaschine zu einem Teig kneten. 2 Teig in einer grossen Schale 45–60 Minuten unter einem feuchten Tuch an einer warmen Stelle ruhen lassen (z.B. im Ofen auf tiefster Hitzestufe). 3 Den aufgegangenen Teig nochmals kurz durchkneten und in gleich grosse Stücke teilen. Diese in gleich lange Stränge rollen. 4 Jetzt werden die Stränge zusammengeflochten. Nach Belieben können 3-, 4-, 6- oder gar 12-strängige Zöpfe geflochten werden (die Challah auf dem Bild ist 4-strängig). 5 Die geflochtenen Zöpfe mit einem verquirlten Ei bestreichen und nach Belieben Sesam, Mohn, Schwarzkümmel, Rosmarin, Zwiebelpulver, Knoblauchpulver einzeln oder kombiniert darüberstreuen. 6 Im vorgeheizten Ofen 40–50 Minuten bei 170°C backen (nicht Umluft), bis die Challot goldbraun sind.

SCHABBAT Challah ist ein Zopfbrot, das aschkenasische Juden zu Schabbat- und Feiertagsmahlzeiten essen. Brot im Allgemeinen sowie seine Symbolik spielen in der jüdischen Religion eine zentrale Rolle: Das hebräische Wort für Brot, «Lechem», wird in der Bibel häufig in seinem übertragenen Sinn verwendet und steht für jegliche Nahrung an sich. Wie in den meisten landwirtschaftlichen Kulturen war das Brot auch im antiken Israel das Grundnahrungsmittel schlechthin. Laut der Torah soll sich der Mensch bewusst sein, dass es letztlich Gott ist, der den Menschen mit seinem «tägli-

chen Brot» nährt. Die Umsetzung dieses Prinzips lehrt Moses in Dtn. 8,10: «Und du hast gegessen und bist satt geworden, so segne den Ewigen, deinen Gott.»

Gott im Zusammenhang mit der Nahrung zu loben wird im jüdischen Alltag durch Dankesgebete praktiziert, die stets vor und nach dem Essen gesprochen werden. Je nach Speisekategorie spricht man ein anderes Gebet. Die Hauptmahlzeiten des Tages beginnen meist mit dem speziellen Segensspruch über das Brot: «Gelobt seist du, Ewiger, unser Gott, König der Welt, der hervorbringt Brot aus der Erde.» Nach dem Essen folgt

ein etwas längeres Gebet (Birkat Hamason), das man gemeinsam mit den Tischgenossen spricht.

Am Schabbat und an Feiertagen spricht man vor dem Brotsegen den Kiddusch, den Segen über einen Becher Wein, um der Heiligkeit des Tages zu gedenken. Anschliessend wäscht man sich die Hände (Netilat Jadajim) und spricht den Brotsegen über zwei Challot (Challot ist die Mehrzahl von Challah).

Die Symbolik der zwei Challot erinnert an die doppelte Portion Manna (Ex. 16), das «Himmelsbrot», das die Israeliten während ihrer vierzigjährigen Wüstenwanderung von Gott erhielten.

Da am Schabbat kein Manna vom Himmel fiel, sammelten die Israeliten bereits am Vorabend des Schabbats zwei Portionen ein – eine für den Freitag und eine für den Schabbat. Dieses Prinzip gilt für praktizierende Juden noch heute, die schon am Freitag das gesamte Essen für den Schabbat zubereiten (siehe S. 149).

Ehe die Challahstücke an die Tischgenossen verteilt werden, wird Salz darüber gestreut – genau wie früher über die Opfer im Jerusalemer Tempel. Laut dem Talmud nimmt heute der Esstisch die Funktion des Altars ein, auf dem einst Dankesopfer dargebracht wurden. Ein anderes Ritual zum Gedenken an die Dankesopfer ist die Teighebe (Hafraschat Challah). Gemäss jüdischer Vorschrift muss vor dem Brotbacken ein kleines Stückchen Teig abgetrennt werden, das anschliessend verbrannt wird.

Während der jüdischen Neujahrszeit (September/ Oktober) backt man runde, statt lang gezogene Zöpfe. Die runden Challot symbolisieren den Abschluss und Neubeginn des Jahreszyklus. Statt Salz kommt Honig auf die Challot, da man sich gegenseitig ein «süsses neues Jahr» wünscht.

Die Rezepte für Schabbat- und Feiertagsbrote variieren je nach Herkunft und Tradition und haben verschiedene Namen wie Mouna (Nordafrika), Churek (Griechenland), Kubaneh (Jemen) sowie Berches und Challah (Deutschland und Osteuropa).

Für Tu Bischwat

Sieben-Arten-Salat

Art Salat/Vorspeise,
vegan/koscher/halal

Zeitaufwand ca. 1 Stunde

Zutaten für 4–6 Personen

Die «Sieben Arten»

200 g Couscous (aus Weizen)

100 g Gerste

10 Trauben

3 Feigen, frisch oder getrocknet

½ Granatapfel, nur Kerne

70 g schwarze Oliven, entsteint

6 Datteln, entkernt

Ausserdem

2 EL Olivenöl

1 Zwiebel

1,2 l Gemüsebouillon

½ Bund frische Minze

½ Bund frische Petersilie

3 EL Pinienkerne oder
fein gehackte Mandeln

Salatsauce

3 EL Olivenöl

1 ½ EL Balsamico-Essig

¾ EL Senf

1 EL Honig oder Ahornsirup

Salz und Pfeffer nach Belieben

Zubereitung 1 Couscous mit kochendem Wasser übergiessen und quellen lassen. Beiseitestellen. 2 Olivenöl erhitzen und die fein gehackte Zwiebel darin dünsten. Gerste und Gemüsebouillon dazugeben und ca. 45 Minuten auf niedriger Stufe köcheln lassen. 3 Währenddessen die Zutaten für die Salatsauce mischen. 4 Restliche Zutaten klein schneiden und mit Couscous und Gerste in einer Schüssel mischen. Salatsauce darübergeben. Gekühlt servieren.

DIE SIEBEN ARTEN Tu Bischwat (hebr. für den 15. Tag des jüdischen Monats Schewat; Januar/Februar) wurde von den Rabbinern der Antike als Neujahr der Bäume und Pflanzen festgelegt. Dieses Datum markiert das Ende der Regenzeit in Israel und wird als Beginn des neuen landwirtschaftlichen Jahres gefeiert.

Seit dem Mittelalter pflegten jüdische Mystiker (Kabbalisten) des Landes Israel an Tu Bischwat eine rituelle Mahlzeit abzuhalten (Seder Tu Bischwat), an der sie symbolische Früchte des Landes in bestimmten Reihenfolgen verspeisten und dazugehörige Gebete und Torahtexte rezitierten. In dieser Mahlzeit drückt man seine Wertschätzung für Gottes Segen und Grosszügigkeit aus und die Hoffnung auf materielles und spirituelles Wachstum im kommenden Jahr. Während der kabbalistischen Tu Bischwat-Mahlzeit spielen die «Sieben Arten des Landes Israel» eine zentrale Rolle. Sie werden in der Torah in Dtn. 8,8 aufgelistet: «Ein Land des Weizens (1) und der Gerste (2), des Weinstocks (3), der Feigen (4) und der Granatäpfel (5), ein Land der Oliven (6) und des Dattelhonigs (7).»

In der jüdischen Religion gelten diese sieben als die wichtigsten landwirtschaftlichen Erzeugnisse. Zu Zeiten des jüdischen Tempels waren es diese sieben Arten, die die Israeliten am Wochenfest (Schawuot, siehe S. 152) bei ihrer Pilgerfahrt nach Jerusalem als Erstlingsfrüchte darbrachten. Zudem verwendet man Produkte der sieben Arten für rituelle Handlungen wie etwa Wein für den Kiddusch am Schabbat, Weizen für die Challah (siehe S. 134 ff.) oder Olivenöl für das Anzünden der Menorah (siehe S. 157). Bei der kabbalistischen Tu Bischwat-Mahlzeit verspeist man zuerst die «Sieben Arten» und spricht danach den speziellen Segen, der nur für sie bestimmt ist.

Für den Pessach-Sederabend

Charosset auf der Sederplatte

Art Aufstrich, vegetarisch/koscher/
halal (aschkenasisch), vegan/
koscher/halal (jemenitisch)

Zeitaufwand 10 Minuten

Zutaten für 10 Personen

Aschkenasische Variante

8 Äpfel

2 Zitronen, Saft und
abgeriebene Schale

2 dl flüssiger Honig

4 dl trockener Rotwein

200 g Zucker

2 Orangen, abgeriebene Schale

2 TL Zimt

400 g gehackte Nüsse
(je nach Vorliebe)

Jemenitische Variante

5 süsse Äpfel

5 reife Bananen

200 g Datteln

100 g getrocknete Pflaumen
ohne Kerne

250 g getrocknete Bananen

100 g gemahlene Mandeln
oder Haselnüsse

60 ml süsslicher Rotwein

1 TL Zimtpulver

Nelkenpulver nach Belieben

Frischer Ingwer nach Belieben

1 Prise schwarzer Pfeffer

60 g Zucker

Zubereitung Aschkenasische Variante Äpfel schälen und klein schneiden. Mit den restlichen Zutaten in eine Schüssel geben und alles gut mischen, bis eine klebrige Masse entsteht.

Jemenitische Variante Äpfel schälen und klein schneiden. Mit den anderen Früchten im Mixbecher zerkleinern. Zusammen mit den restlichen Zutaten in eine Schüssel geben und alles gut mischen, bis eine klebrige Masse entsteht.

SEDERABEND Das jüdische Pessachfest findet im Frühling statt und gedenkt der Erlösung der Israeliten aus der ägyptischen Sklaverei. Die erste Abendmahlzeit der Pessachwoche, der Sederabend, dient dazu, den nachfolgenden Generationen den Auszug aus Ägypten zu vergegenwärtigen. Man liest gemeinsam die Haggada, ein Büchlein mit einer Sammlung von Erzählungen und Liedern zu Pessach, welche als Anregung für Diskussionen zu Themen wie Sklaverei, Freiheit und Erlösung dienen. In der Haggada steht, dass in jedem Zeitalter der Mensch verpflichtet sei, sich vorzustellen, er

sei selbst aus Ägypten gezogen. Dieses Konzept der «gelebten Geschichte» kommt am Sederabend in diversen rituellen Handlungen und insbesondere in symbolhaften Speisen zum Ausdruck. Nebst der Mazzah (siehe S. 145) und vier Gläsern Wein werden am Sederabend symbolische Speisen auf einer runden Platte angeordnet, die die Teilnehmenden am Sedertisch dazu anregen sollen, Fragen zur Bedeutung dieser Speisen zu stellen. Je nach Tradition unterscheiden sich die Rezepte, die Zutaten und Anordnungen der Speisen, doch ihre Symbolik bleibt einheitlich.

Auf dem Bild sieht man die Anordnung westeuropäischer Juden.

Charosset (Lehm) Eine süsse, rotbraune, klebrige Mischung aus Früchten und Nüssen, die an den Lehm (hebr. «Cheres») erinnert, aus dem die israelitischen Sklaven Ziegelsteine herstellen mussten. Je nach Tradition werden Zimt- oder Ingwerstücke hinzugefügt, die an den Stroh im Lehm erinnern sollen. In anderen Rezepten wird dem Charosset ein wenig Rotwein beigemischt als Symbol für das vergossene unschuldige Blut. Ein anderer Brauch besteht darin, aus dem Charosset eine kleine Pyramide zu formen.

Maror (Bitterkraut, Meerrettich und/oder Lattich) Erinnert daran, dass die Ägypter das Leben der israelitischen Sklaven verbitterten. Vor dem Verzehr tunkt man den Maror in das Charosset, denn beide Symbole zusammen erinnern an das Elend der Sklaverei, das mit dem Torahvers Ex. 1,14 ausgedrückt wird: «Und sie verbitterten ihr Leben mit schwerer Arbeit in Lehm und Ziegeln ...» Mit der Mischung aus bitter und süss drückt man zudem die gemischten Gefühle aus, die Personen bei der Erlösung aus der Sklaverei empfinden. Einerseits Freude und Dankbarkeit für die neu erlangte Freiheit, andererseits Trauer und Trauma aufgrund des Erlebten. Denn wie so oft im Leben liegen Freude und Trauer nahe beieinander.

Seroah (Knochen) Ein gegrillter Lamm-, Kalbs- oder Hühnerknochen als Erinnerung an das Pessachopfer (Korban Pessach). Das ursprüngliche Pessachopfer war ein Lamm, das die israelitischen Familien nach göttlichem Befehl in der Nacht vor ihrem Auszug aus Ägypten schlachten, rösten und verspeisen mussten. Gott forderte die Israeliten auf, das Blut des Lammes als Zeichen an die Türpfosten ihrer Häuser zu streichen, damit sein Todesengel jene Häuser überschreite und ihre Bewohner vor der letzten Plage, dem Tod der Erstgeborenen, verschone (von hebr. «passach», dt. «überschreiten», leitet sich der Name des Pessachfestes ab).

Zur Erinnerung wurde das Pessachopfer jährlich im Tempel wiederholt: Die Israeliten pilgerten zu Pessach nach Jerusalem und verspeisten dort ein gebratenes Lamm mit Mazzah und Bitterkraut. Seit der Zerstörung des Tempels (70 n. Chr.) wird kein «echtes» Pessachopfer mehr dargebracht, sondern mit dem Seroah auf dem Sederteller symbolisch daran erinnert.

Beitza (Ei) Ein hart gekochtes und leicht geröstetes Ei, welches an das Festtagsopfer (Korban Chagiga) erinnert, das zusätzlich zum Pessachopfer im Tempel dargebracht und verspeist wurde. In Salzwasser hart gekochte Eier werden in der jüdischen Tradition den Trauernden nach Bestattungen als Symbol des Trostes und der Hoffnung serviert: Das Ei steht für neues Leben, das aus den salzigen Tränen emporsteigt. Deshalb verwendet man das Ei auch als Gedenken an das Festtagsopfer, als Zeichen der Trauer und des Trostes nach der Zerstörung des Tempels.

Karpas (Frühlingsgemüse) Häufig werden dafür Radieschen verwendet, oft aber auch Petersilie, Sellerie oder Kartoffeln. Das Gemüse symbolisiert den Frühling, der wiederum für Aufbruch, Neubeginn und Erlösung aus der Dunkelheit des Winters steht. Zu Beginn der Mahlzeit tunkt man den Karpas in Salzwasser, das an die vergossenen Tränen in Ägypten erinnert. Dieses Tunken nimmt aber auch eine pädagogische Funktion ein. Es soll die Kinder aufmerksam machen und ihre Neugier wecken: Denn die Mahlzeit wird an Pessach nicht wie üblich mit dem Brot begonnen, sondern mit Gemüse! Das Ziel ist es, die Kinder zum Fragen anzuregen: «Warum ist diese Nacht anders als alle anderen Nächte?» In dichterischer Form werden verschiedene Fragen zum Anderssein des Sederabends im Lied «Ma Nischtana» dargestellt, welches die Kinder traditionellerweise beim Sederabend vorsingen. Als Antwort darauf erzählen die Eltern vom Auszug aus Ägypten und verweisen auf die vorliegenden symbolischen Speisen.

Für das Pessachfest

Mazzeknödelsuppe

Art Suppe/Vorspeise,
koscher/halal

Zeitaufwand ca. 2 Stunden

Zutaten für 6 Personen

Suppe

2 Zwiebeln

1 grosse Knoblauchzehe

2 l Hühner- oder Gemüsebouillon

3 Selleriestangen inkl. Blätter

1 grosse Zucchetti

3 Karotten

2 Pouletschenkel (können für eine
vegetarische Variante weggelassen werden)

1 TL Zimtpulver

5 Pfefferkörner

1 grosses Lorbeerblatt

1 Zimtstange

1 EL Oliven- oder Pflanzenöl

Salz und Pfeffer

Frische Petersilie zum Garnieren

Mazzeknödel

250 g Mazzah-Mehl

4 grosse Eier

4 EL Öl

1 TL Salz

4 EL Hühner- oder Gemüsebouillon

1 TL Zwiebelpulver

1 TL Knoblauchpulver

½ TL Pfeffer

2 TL Backpulver

Einkaufstipp Mazzah-Mehl gibt es
in sämtlichen Koscherläden.

Zubereitung Suppe 1 Zwiebeln und Knoblauch fein hacken und in Öl andünsten. Mit Salz und Pfeffer abschmecken. Mit Bouillon aufkochen. 2 Das Gemüse klein schneiden und mit den ganzen Pouletschenkeln und dem Zimtpulver in die Suppe geben. 3 Pfefferkörner, Lorbeerblatt und Zimtstange in einen Tee- oder Kaffeefilter füllen, diesen mit einer Klammer verschliessen und ebenfalls in die Suppe geben. 4 Suppe aufkochen, danach auf niedriger Stufe köcheln lassen.

Zubereitung Knödel 5 Während die Suppe köchelt, können die Knödel zubereitet werden. Eier und Öl in eine Schüssel geben und gut verrühren. 6 Mazzah-Mehl sowie die restlichen Zutaten dazugeben und alles zu einem Teig zusammenfügen. 30 Minuten im Kühlschrank ruhen lassen. 7 Danach die Hände kalt abspülen, damit der Teig beim Formen nicht an den Händen kleben bleibt. Bällchen von ca. 4 cm Durchmesser formen und in die Suppe geben. Wichtig! Während die Mazzeknödel kochen, sollte man nicht in der Suppe rühren, da die Knödel sonst zerfallen.

Fertigstellen Nach einer Stunde können die Knochen der Pouletschenkel entfernt werden. Das Fleisch bleibt in der Suppe.
Vor dem Servieren den Filter mit den Gewürzen entfernen und die Suppe mit frischer Petersilie garnieren.

PESSACHFEST Die Mazzeknödelsuppe wird bei aschkenasischen Juden traditionellerweise als Vorspeise während des einwöchigen Pessachfestes serviert, das an die Befreiung der Israeliten aus der ägyptischen Sklaverei erinnert (siehe S. 141 f.). Wie der Name sagt, bestehen Mazzeknödel aus zerbröckelter Mazzah, einem flachen, ungesäuerten Brot, das lediglich aus Wasser und Getreide besteht. Die Torah beschreibt, dass in der Hast des Auszugs aus Ägypten keine Zeit blieb, den Teig für die Brote aufgehen und säuern zu lassen (Ex. 12,33–34). Als Erinnerung daran essen Juden an Pessach Mazzah anstelle von gesäuertem Brot, so wie die Torah in Ex. 13,7 vorschreibt: «Ungesäuertes Brot soll gegessen werden diese sieben Tage, und es soll bei dir nichts Gesäuertes gesehen werden, und es soll bei dir kein Sauerteig gesehen werden in deinem ganzen Gebiet.» Deshalb muss im Vorfeld des Pessachfestes das ganze Haus gründlich gereinigt werden, damit wirklich jeder Brotkrümel weggeschafft wird.

Die Speisegesetze für Pessach sind sehr streng, man benutzt während des Festes sogar besonderes Geschirr und Besteck, das nie mit etwas Gesäuertem in Kontakt gekommen ist. Der aufgegangene, gesäuerte Teig (Chametz) symbolisiert nach einigen Gelehrten Arroganz und Hedonismus, während die flache Mazzah Bescheidenheit und Altruismus ausdrückt. Sie gilt als «Lechem Oni», als Brot der Armut, und erinnert die Juden an das Brot, das ihre Vorfahren nicht nur beim Auszug, sondern auch während dem Elend ihrer Knechtschaft gezwungen waren zu essen. Dies soll auch dazu ermutigen, Solidarität mit denjenigen Menschen zu zeigen, die heute im Elend leben.

Die strengen Speisegesetze an Pessach brachten über die Jahrtausende viele kreative Rezepte hervor wie die bei aschkenasischen Juden weit verbreiteten und sehr beliebten Mazzeknödel, bestehend aus einem Mehl aus zerbröckelter Mazzah.

Marokkanisch-jüdischer Schabbateintopf

Dafina

Art Hauptgericht, koscher/halal

Zeitaufwand ca. 1 Stunde
(+15 Stunden garen lassen)

Zutaten für 4–6 Personen

Dafina

500 g Rinderbrust oder -flanke,
in Stücke geschnitten

400 g Kichererbsen (über Nacht
eingeweicht oder aus der Dose)

8–10 geschälte, kleine bis mittelgrosse Kartoffeln, festkochend

10 Datteln, entkernt

1 Zwiebel

2 Knoblauchzehen

5 dl Hühnerbouillon

1 TL Safranfäden

Salz

Schwarzer Pfeffer

1 TL Kreuzkümmel, gemahlen

3 EL Ras el-Hanout

1 EL brauner Zucker

Olivenöl

Safranreis

250 g Reis

1 Zwiebel

2 Knoblauchzehen

Olivenöl

Salz und Pfeffer

1 Briefchen Safranpulver

Einkaufstipp Ras el-Hanout ist eine marokkanische Gewürzmischung, die in den meisten türkischen und arabischen Läden erhältlich ist. Sie enthält über 25 Gewürze, u.a. Zimt, Anis, Kardamom und Muskatnuss.

Zubereitung 1 Einen Schmortopf auf tiefer Stufe vorheizen. 2 Olivenöl in einer grossen Sautierpfanne auf mittlerer Stufe erhitzen und die in dünne Scheiben geschnittenen Zwiebeln und den fein gehackten Knoblauch bei gelegentlichem Umrühren einige Minuten anbraten, bis alles weich und braun ist. In den Schmortopf geben. 3 Das Fleisch mit Salz und Pfeffer würzen und in der Sautierpfanne auf allen Seiten anbraten. 4 Kichererbsen, ganze Kartoffeln, ganze Datteln, Zucker und alle Gewürze mit dem angebratenen Fleisch in den Schmortopf geben. Sanft umrühren. 5 Hühnerbouillon und Wasser dazugiessen, bis alles knapp bedeckt ist. Deckel darauflegen und mindestens 15 Stunden auf tiefer Stufe garen.

Variante Safranreis   Reis in 5 dl Wasser aufkochen. Gekochten Reis mit Olivenöl, gehackter Zwiebel und gehacktem Knoblauch 3–5 Minuten braten und mit Salz, Pfeffer und Safran würzen. Die Mischung in einen Stoffbeutel geben, diesen verschliessen und zusammen mit der Dafina im Schmortopf garen.

Variante Eier und Knoblauch   Nach Belieben können 2–3 unge-schälte und ungekochte Eier oder ein ganzer Knoblauch mit Schale in die Dafina-Mischung gegeben und mitgegart werden.

WERKVERBOT AN SCHABBAT Schabbat (Sabbat), der jüdische Ruhetag, dauert jeweils von Freitagabend bei Sonnenuntergang bis Samstagabend bei Erscheinen der Sterne. Laut der Torah (Gen. 1 und 2) gilt der Schabbat als der siebte und letzte Tag der Woche – der Tag, an dem Gott nach vollendeter Welterschaffung ruhte. Im Judentum ist der Schabbat der Höhepunkt der Woche, eine «Insel in der Zeit», und sollte gemäss dem vierten Gebot des Dekalogs (in Ex. 20,10 und Dtn. 5,12) geheiligt und gehütet werden. Das bedeutet konkret, dass am Schabbat in Entsprechung zur göttlichen Schöpfung überhaupt nichts Neues erschaffen werden darf.

Die Umsetzung des biblischen Werkverbots wurde von den Rabbinern im Talmud bis ins letzte Detail diskutiert und festgelegt. So ist etwa das Anzünden und Löschen eines Feuers während des Schabbats strikt verboten; dies gilt ebenso für das An- und Abschalten von Elektrizität. Ebenso darf am Schabbat nichts gekocht werden. Das bedeutet, dass man schon vor dem Schabbat alles Gekochte zubereiten muss. Die am Vortag zubereiteten Speisen dürfen aber am Schabbat warm gehalten werden (z.B. auf bereits vor dem Schabbat eingeschalteten Wärmeplatten). Dafina ist ein Eintopfgericht mit Fleisch, das marokkanische Juden traditionellerweise zum Schabbatmittagessen servieren. Es eignet sich sehr gut für den Schabbat, denn es wird bereits am Freitag vor dem Schabbat zubereitet und kann so über Nacht bis Schabbatmittag langsam garen. Bei der Rückkehr aus der Synagoge ist die Dafina perfekt durchgekocht und schmeckt köstlich!

Wie bereits bei der Mahlzeit am Freitagabend, so wird auch das Schabbatmittagessen mit der Heiligung des Weines (Kiddusch) und einem Segensspruch über zwei Brote begonnen. In grosser Gesellschaft wird dann üppig gespeist, über Religiöses wie Profanes diskutiert und es werden Schabbatlieder gesungen.

Bei aschkenasischen Juden aus Mittel- und Osteuropa findet man häufig den Tscholent oder Schalet, eine andere Variante des Schabbateintopfs, von dem der deutsch-jüdische Dichter Heinrich Heine 1851 in seinem Gedicht «Prinzessin Sabbat» schwärmte.

Für das Schawuotfest

Cheesecake

Art Süssspeise,
vegetarisch mit Ei/koscher/halal

Zeitaufwand ca. 75 Minuten
(+ Abtropfen des Magerquarks
über Nacht)

Zutaten für eine Springform
von 24 cm Ø

Teigboden

250 g Karamellkekse oder Petit Beurre

80–100 g Butter

1 Päckchen Vanillezucker

1 Prise Salz

Füllung

500 g Magerquark

3 Eier

1 Päckchen Vanillezucker

125 g Zucker

8 EL Zitronensaft, frisch gepresst

1 Prise Salz

Tipp Bei Verwendung von Magerquark wird der Kuchen weniger
schwer. Dafür müssen zuerst die
Flüssigkeiten gefiltert werden.
Man kann aber auch Vollfettquark
(ohne Abtropfen) verwenden.

Vorbereitung (am Vorabend) Magerquark Ein Sieb in eine grosse Schale legen. Darauf achten, dass es unten genug Platz für die Flüssigkeiten hat (ca. 1 ½ dl). Ein sauberes Küchentuch in das Sieb legen und den Magerquark hineingiessen. Mindestens 8 Stunden in den Kühlschrank stellen. Danach die Flüssigkeit aus der Schale giessen. Nun kann der Quark weiterverarbeitet werden.

Zubereitung Teigboden 1 Eine Springform von 24 cm Durchmesser mit wenig Butter einfetten und den Ofen auf 180 °C vorheizen. 2 Kekse zu feinem Pulver zermalmen (z.B. in einen Plastikbeutel legen und die Kekse mit dem Wallholz verkleinern). 3 Butter zerlassen. Die flüssige Butter mit einer Prise Salz und dem Vanillezucker zu den Keksbröseln geben und mischen, sodass ein krümeliger Teig entsteht. Diesen auf den Boden der Backform drücken und 10 Minuten backen.

Zubereitung Füllung 4 Die Eier trennen. Eigelb mit dem vorbereiteten Quark, Vanillezucker, Zucker und Zitronensaft gut verrühren. 5 Eiweiss mit einer Prise Salz in einem sauberen Gefäss sehr steif schlagen und vorsichtig unter die Quarkmischung heben. Diese auf dem vorgebackenen Teigboden verteilen. 6 45–60 Minuten bei 175 °C backen, bis die Oberfläche goldbraun wird. Abkühlen lassen und gekühlt servieren.

עיקר שפתי חכמים

תולדות אהרן

האף אמנם

ואני זקנתי

SCHAWUOTFEST Cheesecake wird traditionellerweise für das jüdische Schawuotfest (Wochenfest) zubereitet, das am 50. Tag nach dem Pessachfest stattfindet, am 6. Tag des jüdischen Monats Siwan (Mai/Juni). Laut der Überlieferung erhielten die Israeliten an Schawuot am Berg Sinai die Torah. Zur Feier werden die Synagogen mit Blumen geschmückt, Festgottesdienste gehalten sowie Mahlzeiten mit Familie und Freunden veranstaltet.

Es besteht ein verbreiteter Brauch, an Schawuot Milchspeisen zu essen, der auf verschiedenen symbolischen Bedeutungen der Milch im Zusammenhang mit der Torah basiert.

Die bekannteste Auslegung: Die Torah enthält diverse Speisegesetze wie etwa Regeln für die koschere Schlachtung und das Verbot, Milch und Fleisch zusammen zu kochen oder zu essen. Als die Israeliten in der Wüste die Torah erhielten, besassen sie zunächst noch kein koscheres Geschirr. Darum assen sie nur milchige Speisen, bis das Geschirr für das Fleisch vorbereitet werden konnte.

Eine andere Erklärung: Jeder hebräische Buchstabe besitzt einen bestimmten Zahlenwert (z.B. Alef = 1, Bet = 2, Gimmel = 3 usw.). Das hebräische Wort für Milch «CHaLaW» (bestehend aus den drei Buchstaben n/Chet = 8, ל/Lamed = 30 und ב/Bet = 2) hat zusammengezählt einen Zahlenwert von 40 (8 + 30 + 2). Dieser entspricht den 40 Tagen, die Moses auf dem Berg Sinai verbrachte, bevor er mit der Torah hinabstieg.

Eine weitere Symbolik wird auf König Salomons biblisches Hohelied zurückgeführt, in dem er in Vers 4,11 die Braut – allegorisch für die Torah – mit Milch vergleicht: «Honig und Milch liegt unter deiner Zunge.» Wie die Milch, so nährt auch die Torah das jüdische Volk mit Weisheit und stillt sein Wissen.

Deshalb werden in verschiedenen jüdischen Traditionen zu Schawuot Milchspeisen zubereitet wie etwa Käse-Sambusak bei irakischen Juden oder Blintzes, Käsekreplach und Käsekuchen bei Aschkenasim. Der Cheesecake wurde von Juden an der Ostküste der USA Ende des 19. Jahrhunderts entwickelt und hat seine Ursprünge in Rezepten für Käse-/Quarkkuchen aus Deutschland und Osteuropa. Heute gehört der New York Cheesecake zu den beliebtesten amerikanischen Desserts und ist weltweit bekannt.

Italienisch-jüdisches Neujahrsgebäck

Sfratti zu Rosch Haschana

Art Süssspeise, vegetarisch mit Ei/
koscher/halal (wenn ohne Wein)

Zeitaufwand ca. 1 Stunde

Zutaten für 6 Personen

Füllung

200 g Walnüsse

1 Orange, abgeriebene Schale

300 g Honig

1 Prise Pfeffer

Zimt und Gewürznelken
(je nach Vorliebe)

Teig

5 EL Weisswein

5 EL Olivenöl

90 g Zucker

300 g Mehl

Eigelb zum Bestreichen

Zubereitung Füllung   1 Walnüsse schälen und mit dem Abrieb der Orangenschale zerstossen. 2 In einer mittelgrossen Pfanne den Honig und die Gewürze bei geringer Hitze erwärmen. Sobald der Honig sich verdickt und Fäden zieht, langsam die Walnuss-Orangen-Mischung dazugeben und einige Minuten kochen lassen, bis alles fest und klebrig wird. 3 Vom Herd nehmen und leicht abkühlen lassen.

Zubereitung Teig   4 Weisswein, Olivenöl und Zucker mischen. Das Mehl nach und nach hinzufügen, bis der Teig elastisch wird und nicht mehr klebt. 5 Auf einer leicht bemehlten Arbeitsfläche sehr dünn auswallen. Den ausgewallten Teig in drei Rechtecke von je ca. 10 × 25 cm schneiden.

Formen und backen   6 Aus der Honig-Walnuss-Mischung drei stäbchenförmige Zylinder formen (Durchmesser 3–4 cm, Länge etwas kürzer als die Teig-Rechtecke). 7 Teig-Rechtecke zweimal um die Füllung rollen und die Enden der Stäbchen durch Falten des Teiges schliessen. 8 Die Sfratti auf ein mit Backpapier belegtes Blech legen und mit Eigelb bestreichen. 9 Im auf 180°C vorgeheizten Ofen 15 Minuten backen, danach die Temperatur auf 200°C erhöhen und 5 Minuten weiterbacken, bis das Gebäck goldbraun wird. Vollständig auskühlen lassen.

ROSCH HASCHANA Sfratti ist ein süsses, stäbchenförmiges Gebäck, das italienische Juden für das jüdische Neujahr im September (hebr. Rosch Haschana – wörtlich «Kopf des Jahres») zubereiten.

Rosch Haschana ist einer der wichtigsten jüdischen Feiertage und beinhaltet zahlreiche Rituale, Speisen und Bräuche, die sowohl Freude wie auch Ernsthaftigkeit ausdrücken. Die Freude wird mit festlichen Mahlzeiten gefeiert, mit vielen süssen Speisen, denn man wünscht sich «Schana Towa Umetuka» – ein süsses neues Jahr. Traditionellerweise verspeist man zu Beginn der Mahlzeiten runde, süsse Challot (runde Form als Symbol für den abgeschlossenen Jahreskreis, siehe S. 134, 136), gefolgt von süssen Äpfeln mit Honig. Ebenso besteht die Tradition, Granatäpfel zu essen: Die zahlreichen Kerne symbolisieren den Wunsch nach vielen guten Taten im neuen Jahr.

Darin kommt die ernste Seite des jüdischen Neujahrs zum Ausdruck, als Rück- und Ausblick auf das vergangene und das kommende Jahr. Darum trägt das jüdische Neujahr zusätzlich den Namen Jom Hadin,

«Tag des Gerichtes». Es beginnen die zehn Busstage, die mit dem Fasttag Jom Kippur ihren Höhepunkt erreichen. Diese Tage bieten eine Gelegenheit zum Innehalten, zu Busse und Umkehr von seinen Sünden und um bei Gott und Mitmenschen um aufrichtige Vergebung zu bitten. Es gibt den Brauch des Taschlich, bei dem sich jüdische Familien am Nachmittag des Rosch Haschana an ein Gewässer begeben und während des Rezitierens eines Gebets kleine Brotstücke ins Wasser werfen – symbolisch dafür, dass man seine Sünden von sich abwirft.

Mit den Sfratti werden ebenfalls Freude und Ernsthaftigkeit ausgedrückt. «Sfratto» bedeutet Vertreibung; das stäbchenförmige Gebäck erinnert an die Verfolgung toskanischer Juden im 17. Jahrhundert, bei der die Behörden mit Stöcken an die Haustüren der Juden klopften, um sie aus den Dörfern ins Ghetto Pitigliano zu vertreiben. Es scheint, als ob die schmerzhaften Erlebnisse der Vergangenheit mit dem Verspeisen der Honigstäbchen verarbeitet werden und damit der Wunsch nach einer süssen Zukunft ausgedrückt wird.

Frittierte Teigbällchen zu Chanukka

Loukoumades

Art Süssspeise, vegetarisch mit Ei/
koscher/halal

Zeitaufwand 20 Minuten

Zutaten für ca. 20 Stück

Teig
280 g Mehl
1 Päckchen Trockenhefe
100 g Zucker
½ TL Salz
1 Ei
2 × 1¼ dl lauwarmes Wasser

Honigsirup
200 g Zucker
1¾ dl kaltes Wasser
170 g Honig
½ Zitrone, Saft

Zum Frittieren und Garnieren
Pflanzliches Öl
Puderzucker

Zubereitung Teig   1 Trockenhefe in 1¼ dl lauwarmem Wasser auflösen und 10–15 Minuten ruhen lassen. 2 Mehl in eine Schüssel sieben und mit der Hefe, Zucker, Salz, dem verquirlten Ei und 1¼ dl lauwarmem Wasser mischen, bis der Teig weich und klebrig wird. 3 Mit einem feuchten Tuch zudecken und ruhen lassen, bis er auf die doppelte Grösse aufgegangen ist. 4 Nach etwa einer Stunde den Teig zusammendrücken und nochmals 30 Minuten gehen lassen.

Zubereitung Honigsirup   5 Währenddessen kann der Honigsirup zubereitet werden: Zucker, Wasser, Honig und Zitronensaft langsam aufkochen. Gut rühren, bis der Zucker sich auflöst. 5–6 Minuten kochen lassen. Die Pfanne vom Herd nehmen und den Sirup abkühlen lassen.

Frittieren   6 Eine 3 cm hohe Ölschicht in eine grosse Pfanne giessen (alternativ kann auch eine Fritteuse verwendet werden) und auf 175°C erhitzen. 7 Mit Hilfe zweier Esslöffel Bällchen aus dem Teig formen. Da der Teig sehr klebrig ist, empfiehlt es sich, die Esslöffel zuerst in lauwarmes Wasser zu tauchen. 8 Die Loukoumades im Öl frittieren, bis sie goldbraun werden und anschliessend mit Küchenpapier abtupfen. 9 Die warmen Teigbällchen mit Honigsirup übergiessen und mit Puderzucker bestreuen.

CHANUKKA Loukoumades sind eine Süssspeise, die Juden aus dem Mittelmeerraum traditionellerweise für das Chanukkafest zubereiten. Chanukka (hebr. Einweihung) ist ein acht Tage dauerndes Lichterfest zum Andenken an die Wiedereinweihung des zweiten jüdischen Tempels in Jerusalem nach dem siegreichen Makkabäeraufstand im Jahr 164 v. Chr. am 25. Tag des jüdischen Monats Kislew (November/Dezember).

Der hellenistische Herrscher über Judäa, Antiochos IV. Epiphanes, erliess im 2. Jh. v. Chr. strenge Gesetze, die die Ausübung der jüdischen Religion strafbar machten. Er liess im Jerusalemer Tempel eine Zeusstatue aufstellen. Dagegen wehrte sich eine kleine Gruppe jüdischer Priester (Makkabäer). Sie führten eine Revolte durch, die mit der Rückeroberung Jerusalems und des jüdischen Tempels siegreich endete. Als die Priester bei der Wiedereinweihung des Tempels den siebenarmigen Leuchter (Menorah) anzünden wollten, fanden sie ein einziges Krüglein mit reinem Öl. Der Legende nach geschah ein Wunder, denn der Leuchter brannte acht Tage lang, bis neues Öl gewonnen werden konnte.

Zum Andenken an dieses Ereignis wird jedes Jahr während acht Tagen zu Hause und in der Synagoge der neunarmige Chanukkaleuchter angezündet. Nach Anbruch der Dunkelheit zündet man mit der mittleren Kerze jeden Tag eine Kerze mehr an, bis am letzten Tag alle Kerzen brennen. Zum gemeinsamen Lichteranzünden lädt man Familie und Freunde ein, Chanukkalieder werden gesungen, man beschenkt sich und isst eine festliche Mahlzeit. In Erinnerung an das Ölwunder werden verschiedene Ölspeisen zubereitet wie etwa Latkes (Kartoffelpuffer) und Sufganiot (Hefegebäck, «Berliner») bei aschkenasischen Juden oder Loukoumades bei Juden mit sepharadischem Hintergrund.

Das isSt Religion –
auf einen Blick

	Buddhismus	Christentum	Hinduismus	Islam	Judentum
Anzahl Anhänger	480 Millionen	2,2 Milliarden	950 Millionen	1,5 Milliarden	14 Millionen
Besondere / heilige Speisen	Jegliche Speisen ohne Fleisch, z.B. Dresi an Neujahr oder Shotsam an Shoton.	Brot, Wein, Fisch, Lamm.	Jegliche direkt dem verehrten Gott dargebrachte Speise wird Prasada genannt und besonders geehrt.	Datteln und Milch zum Fastenbrechen. Lamm am Opferfest.	Brot, Mazzah, Wein, sieben Früchte des Landes Israel (=Schiw'at Haminim).
Gebete und Rituale in Zusammenhang mit dem Essen	Je nach Strömung unterschiedlich. In Tibet spricht man vor jeder Mahlzeit das traditionelle tibetische Tischgebet, um der heiligen Dreifaltigkeit (Buddha, Dharma und Sangha) Respekt und Tribut zu zollen.	Danksagung/Tischgebet vor dem Essen. Kirchliche Eucharistiefeier (Abendmahl), an der Brot und Wein geteilt werden in Andenken an das letzte Abendmahl Christi mit seinen Jüngern.	Das Essen wird nach dem Kochen in einer kurzen Zeremonie zuerst der verehrten Gottheit dargebracht. Erst danach isst man selber.	Verschiedene Segenssprüche und kleine Tischgebete, die auch während des Essens gesagt werden können, falls es anfangs vergessen wurde. Verbreitet ist es, mit «Bismillah» (im Namen Gottes) zu beginnen und das Essen mit «Elhamdulillah» (Dank sei Gott) zu beenden.	Segenssprüche (=Berachot) vor und nach jeder Mahlzeit. Heiligung des Tages (=Kiddusch) mit Wein vor Schabbat- und Festtagsmahlzeiten. Händewaschen (=Netilat Jadajim), bevor man Brot isst. Teighebe (=Hafraschat Challah) beim Brotbacken.
Wichtigste Speiseregeln	Freiwilliger Verzicht auf Fleisch an besonderen religiösen Feiertagen, zum Beispiel an Shoton.	Genereller Verzicht auf bestimmte Speisen während der Fastenzeit (siehe unten). Bei manchen Konfessionen (z.B. äthiopisch-orthodoxe Tewahedo-Kirche oder Siebenten-Tags-Adventisten) Verzicht auf Schweinefleisch.	Verzicht auf Fleisch, zumindest auf Rind- und Kalbfleisch. Je nach Gemeinschaft auch Verzicht auf Eier, Zwiebeln und Knoblauch.	Kein Schweinefleisch, keine Raubtiere, kein Aas, kein Blut. Tiere müssen geschächtet werden. Kein Alkohol.	Verbot, Fleisch mit Milch zu kochen und zu essen. Erlaubte (=koschere) Tiere sind je nach Kategorie: Säugetiere (Paarhufer und Wiederkäuer), Vögel (gemäss Lev. 11 keine Aas- und Raubvögel), Fische (nur mit Schuppen und Flossen). Pflicht des Schächtens (=Schechita) von Fleisch und Geflügel. Verbot, Blut und bestimmte Innereien zu essen.
Fastenzeiten	Das Fasten gestaltet sich im tibetischen Buddhismus sehr individuell und wird, sofern überhaupt, nur von Mönchen und hohen Geistlichen praktiziert, die dadurch Selbstkultivierung erlangen sowie ihren Geist stärken wollen. Berühmtestes Beispiel während Shoton, wo immer wieder über kürzere Phasen gefastet wird. Allen übrigen Buddhisten ist es freigestellt, ob und wie lange sie auf Nahrung verzichten möchten.	Konfessionsbedingte Unterschiede. Fastenzeiten an Ostern und Advent. Zusätzlich jeden Mittwoch/Freitag. Unterschiedliche Formen, z.B. Verzicht auf tierische Produkte und Alkohol, veganisches Fasten oder temporärer Verzicht auf Nahrungsaufnahme.	Fastenzeiten sind individuell und vom eigenen Gelübde und der Religionsgemeinschaft abhängig. Oft wird an Festtagen bis zu einem lunar festgelegten Zeitpunkt gefastet.	Während des Fastenmonats Ramadan wird zwischen Morgendämmerung und Sonnenuntergang gänzlich auf Essen, Trinken, Rauchen und Geschlechtsverkehr verzichtet. Während der Aschurazeit oder in den zwei Vormonaten des Ramadan bzw. im Schawwal, dem Monat nach dem Ramadan, ist Fasten oftmals empfohlen, aber keine Pflicht.	Fastentage (kein Essen und Trinken): ~ Zom Gedalijah (3. Tischri, Sept./Okt.). ~ Jom Kipur (Versöhnungstag, 10. Tischri, Sept./Okt.) ~ 10. Tewet (Jan./Feb.) ~ Ta'anit Esther (13. Adar, Feb./März) ~ 17. Tamuz (Juli) ~ 9. Aw (Tag der Tempelzerstörung, Juli/Aug.) Zwischen dem 1. und 9. Aw (Trauerzeit) sollte man auf Fleisch und Wein verzichten. Während den sieben Pessachtagen (März/ April) darf nichts Gesäuertes, z.B. Brot, gegessen werden.

Register

Projektteam

Noam Hertig
PROJEKTLEITER UND
AUTOR JUDENTUM

Noam Hertig (1984) ist praktizierender Jude und studierte Psychologie und Religionswissenschaft in Zürich. Er doktoriert an der ETH und arbeitet als Rabbinatsbeauftragter und Religionslehrer in der jüdischen Gemeinde St. Gallen. Er engagiert sich im interreligiösen Dialog und moderiert die Sendung «Bilder zum Feiertag» im Schweizer Fernsehen.

Daphna Hertig
AUTORIN
JUDENTUM

Daphna Hertig (1984) ist praktizierende Jüdin. Sie ist geboren und aufgewachsen in den Niederlanden und studierte Betriebswirtschaft in Amsterdam. Seit 2008 lebt sie in der Schweiz, wo sie als Projektmanagerin tätig ist. Zusammen mit ihrem Mann Noam reist die Hobbyköchin gerne um die Welt und lässt sich von den verschiedenen Küchen inspirieren.

Ümran Bektas
AUTORIN
ISLAM

Ümran Bektas (1983) ist türkischstämmige Muslimin. Als Tochter von Gastarbeitern ist sie in Zürich geboren und aufgewachsen. Nach dem Studium der Psychologie an der Universität Zürich arbeitet sie nun in der Kinder- und Jugendpsychiatrie. Ehrenamtlich wirkt sie in interreligiösen und interkulturellen Projekten mit. Mitunter auch in der Sendung «Bilder zum Feiertag» im Schweizer Fernsehen.

Tenzin Khangsar
AUTOR
BUDDHISMUS

Tenzin Samten Khangsar (1980), Kind der dritten Generation von tibetischen Flüchtlingen, die hier in der Schweiz geboren und aufgewachsen sind. Er studierte Journalismus und Kommunikation in Zürich und arbeitet u. a. als Reporter für das Schweizer Fernsehen. Er liebt das Reisen und geselliges Beisammensein mit Familie und Freunden.

Raschida Bouhouch
AUTORIN ISLAM UND
FOTOGRAFIN

Raschida Bouhouch (1983) ist praktizierende Muslimin und studierte Biologie an der ETH Zürich. Derzeit arbeitet sie an ihrer Dissertation im Bereich der Humanernährung. Zudem ist sie als Moderatorin der interreligiösen Sendung «Bilder zum Feiertag» im Schweizer Fernsehen tätig. Sie liebt den kulturellen Austausch und wirkt in verschiedenen interkulturellen Projekten mit, wo sie sich aktiv gegen Islamophobie einsetzt.

Julian Zagalak
AUTOR
CHRISTENTUM

Julian Alexander Zagalak (1983), Sohn katholischer Einwanderer aus Polen, ist in der Stadt Zürich geboren und aufgewachsen. Er studierte Biologische Chemie an der ETH Zürich und arbeitet derzeit an seiner Dissertation. Er kocht leidenschaftlich gerne und mag gesellige Tischrunden.

Sabina Sacisuta Zahn
AUTORIN
HINDUISMUS

Sabina Sacisuta Zahn (1979) ist praktizierende Hindu. Sie studiert an der Universität Zürich Indologie und Religionswissenschaft, leitet nebenbei Führungen im Krishna-Tempel in Zürich und engagiert sich in interreligiösen Projekten.

Ibrahim Bokharouss
FOTOGRAF
www.underexposed.ch

Ulrika Pettersson
FOTOGRAFIN
www.ulrikaphotos.com

Lucas Stolvijk
FOTOGRAF

Veronika Jehle und Matthias Wenk
EINFÜHRUNGSTEXT CHRISTENTUM

Veronika Jehle ist Pastoralassistentin in der katholischen Pfarrei St. Martin in Zürich-Fluntern. Matthias Wenk leitet das BOS-Wohnheim der Benediktinerabtei zum Heiligen Kreuz in Scheyern (D) und ist theologischer Mitarbeiter im Gäste- und Bildungshaus des Klosters Scheyern.

Krishna Premarupa Dasa
EINFÜHRUNGSTEXT HINDUISMUS

Krishna Premarupa Dasa ist gelernter Koch und Mönch. Er leitet den Hare Krishna-Tempel in Zürich und ist aktiv im interreligiösen Dialog tätig.

Cebrail Terlemez
EINFÜHRUNGSTEXT ISLAM

Cebrail Terlemez ist Leiter des Instituts für interkulturelle Zusammenarbeit und Dialog in Zürich.

Michael Goldberger (s. A.)
EINFÜHRUNGSTEXT JUDENTUM

Rabbiner Michael Goldberger war Rabbiner in der Israelitischen Cultusgemeinde Zürich ICZ und Rektor der jüdischen Schule Noam.

Dank

Shella Kertész, Dr. h. c. André Bollag (Co-Präsidenten der Israelitischen Cultusgemeinde Zürich, ICZ), Werner Rom, Miriam Rosenthal (Jubiläumskomitee
150 Jahre ICZ), Dr. Yvonne Domhardt (Leiterin der ICZ-Bibliothek),
Marianne Huber, Ernst Imfeld, Linda Malzacher, Claudia Neuenschwander,
Dorothee Rutz (Werd Verlag)

Buddhismus Sonam Yangchen und Tschaktor Khangsar, Abt Geshe Thupten
Legmen und Tibet-Institut Rikon ZH, Tashi Yangzom Kongpo-Remmel,
Ken Sebastian Nagase und Familie, Surina Graber und Familie, Lekha Sarkar

Christentum Monika Abdel Dayem, Roberta und Yildiz Aslandogmus,
Carolina Flores, Marianne und Mike Malapati, Martyn Stacey und John Mansfield,
Yeretzgin Zepür Tchekidjian, Maria-Jolanta Zagalak, Veronika Jehle, Matthias Wenk

Hinduismus Isabelle und Sadgati Banik Jenzer, Nanda Moghe, Radhika Naidoo,
Familie Nimalakumar, Vishaka Betschart, Krishna Premarupa Dasa

Islam Cebrail Terlemez und Dialog-Institut Zürich, Lema und Fatih Kurt,
Aisha und Afzal Dogar, Monika und Aisha Abdel Dayem, Familie Bouhouch

Judentum Michal und Eytan Gellis-Camerini, Judith Zagoury und Etan Günzburger,
Pnina Agam, Ora und Marcel Klapisch, Rabbiner Ze'ev und Phyllis Solomon,
Sivan und Oliver Josefowitz, Corinne Braunschweig, Regina Pariente,
Rabbiner Michael Goldberger (s. A.)

Bei uns sind alle Religionen willkommen.

HILTL
GESUNDER GENUSS

Wir glauben nicht nur beim Essen an die Vielfalt. Darum arbeiten im Haus Hiltl Menschen aus über 50 verschiedenen Nationen und Kulturen. Wir freuen uns auf Ihren Besuch.